勝てるカラダをつくる！

10代スポーツ選手の栄養と食事

Recipes & Nutriments for Teenage Athletes

管理栄養士 川端理香 監修

CONTENTS

勝てるカラダをつくる！
10代 スポーツ選手の栄養と食事

Chapter 1
007 スポーツ栄養の基本

- 4 この本の使い方
- 6 はじめに
- 8 スポーツ選手の食事と栄養
- 10 体を構成する5大栄養素の働き
- 14 第6の栄養素・水の働きを知ろう
- 16 バランスのよい献立を覚えよう
- 18 成長期の選手の食事法
- 20 「食事」の大切さを改めて考えてみよう
- 22 女性選手をとりまく環境
- 24 【コラム】トップアスリートが試合前に食べるもの

Chapter 2
025 競技別レシピ

- 26 競技に合わせた食事をとろう
- 28 各競技の特性と必要となる力
- 34 筋力系競技タイプの食事法
- 38 筋力アップ！レシピ
- 60 持久力系競技タイプの食事法
- 64 持久力アップ！レシピ
- 86 瞬発力系競技タイプの食事法
- 90 瞬発力アップ！レシピ
- 112 【コラム】スポーツ選手はカレーが好き!?

2

Chapter 3
113 目的別レシピ

- 114 「身長を伸ばす」にはカルシウムをとろう
- 116 「集中力アップ」には糖質が必要！
- 118 「足を速く」するにはたんぱく質で筋力UP
- 120 「貧血予防」のためにとりたいのは鉄分！
- 122 「疲労回復」に効くのはビタミンB1とアミノ酸。
- 124 「夏バテを防ぐ」にはビタミンB1をとろう！
- 126 「ケガ」を治すにはたんぱく質＋ビタミンC
- 132 「減量」には満腹になる低カロリー食材を活用
- 134 「増量」には筋肉になるたんぱく質をとろう！
- 136 「プロテイン代わり」にはたんぱく質ドリンク！
- 138 【コラム】ケガをしたときこそ強くなるチャンス！

Chapter 4
139 食事のアレンジ術

- 140 試合前後の食事
- 142 試合スケジュール別食事タイミング早見表
- 146 試合前のおすすめメニュー
- 150 オフシーズンの食事
- 152 スポーツ選手の間食
- 154 外食するときに気をつけることは？
- 156 【コラム】背が高くなりたいなら、やっぱり牛乳！
- 157 料理素材別ーINDEX

この本の使い方

この本で紹介するレシピを上手に組み合わせれば、毎日の献立にそのまま利用することができます。ここでは、レシピの特徴や分量調整の仕方など、この本を上手に使う方法を紹介します。実際に料理を作る前に、チェックしておきましょう。

レシピの見方

カロリー
それぞれのレシピに、1人分のエネルギー量を表示しています。献立を考えるとき、参考にしてください。

材料
材料は成長期の子ども2人分の分量で表記しています。

One Point Advice
レシピで使っている食材や栄養素の特徴を説明しています。ここを読めば、スポーツ栄養に関する知識が深まります。

栄養素マーク
成長期のスポーツ選手にとって必要な5種類の栄養素のうち、特に多く含まれるものに、それぞれのマークがついています。

お弁当マーク
お弁当のおかずにおすすめのレシピには、このマークがついています。

栄養素マークの種類

 たんぱく質
体作りに必要で、筋肉の材料になります。

 鉄分
血液の材料になります。貧血予防に必要。

 **ビタミンC**
体の調子をととのえ、体作りを助けます。

 **糖質**
体と脳を動かすエネルギー源になります。

 **カルシウム**
丈夫な骨を作るために必要な栄養素です。

この本の決まりごと

- 計量カップは1カップが200㎖、計量スプーンは大さじ1が15㎖、小さじ1が5㎖です。
- 本書で使用している電子レンジの加熱時間は700Wを基本としています。600Wの場合は1.2倍、500Wの場合は1.4倍してください。なお、機種によっても異なるので、様子を見ながら加熱してください。
- オーブントースターは、機種によって加熱時間が異なるので、様子を見ながら加熱してください。
- 材料に出てくる「しょうゆ」は濃口しょうゆ、「砂糖」は上白糖を使用しています。
- 材料に出てくるだし汁は和風だしの素を使用しています。

4

献立の作り方

1 基本は、自分の競技が当てはまるタイプ（p.27 参照）のレシピを組み合わせて献立を作ります。
2 主食1品＋主菜1品＋副菜1〜2品、汁物1品を目安に、自分が1日に必要な摂取カロリーに合わせて組み合わせましょう。もちろん、主食はシンプルな白米にしても OK です。
3 練習内容や、コンディション、試合のスケジュールに合わせて、他の競技タイプのレシピや、目的別レシピ、試合前のレシピをとり入れましょう。
4 この本では、15歳前後の男性選手を想定して、1日に約3000kcal 摂取できるように材料の分量を出しています。年齢によって必要となる摂取カロリーが変わるので（p.16 参照）、組み合わせを工夫したり、主菜や副菜の分量を増減させて、調整しましょう。

　ただし、1日の摂取カロリー量はあくまで目安です。体格のよい選手はより多くのカロリーが必要になりますし、練習量の多い日はカロリーを増やす必要があります。また、体重が減ってきたときも摂取量を増やしましょう。毎日のコンディションに合わせて分量を調節してください。

献立例（筋力系）

主食　豆ごはん

307kcal

主菜　海鮮焼き

326kcal

女性選手の場合

女性は基本的に、表記された材料の0.8倍で作ります。ただし、これも目安です。男性と同様に、練習内容やコンディションに合わせて分量の調節を行ってください。

副菜　豆腐マリネ

108kcal

副菜　なすのチーズ焼き

83kcal

汁物　牛乳汁

89kcal

= **913kcal**
この5品に、牛乳やヨーグルトなどをプラスして1食分の献立の完成です。

食材の目安量

アスパラガス1本＝約25g	小松菜1把＝約50g	トマト（小）1個＝約100g	ピーマン1個＝約50g
いんげん1本＝約10g	さといも1本＝約100g	長ねぎ1本＝100〜150g	ブロッコリー1株＝150〜200g
枝豆15房＝約300g	じゃがいも1本＝約100g	なす1本＝約100g	ほうれん草1把＝約50g
かぼちゃ1個＝1〜1.6kg	セロリ1本＝約100g	納豆1パック＝約40g	水菜1把＝約25g
キャベツ1個＝約1kg	大根（中）1本＝約1kg	にら1束＝約100g	みょうが1個＝約50g
きゅうり1本＝約100g	たけのこ（中）1本＝約500g	にんじん1本＝約200g	レンコン（中）1節＝約200g
ごぼう10cm＝約20g	玉ねぎ1個＝約200g	パプリカ1個＝約100g	

はじめに

　2008年北京オリンピック。
　16年ぶりにオリンピック出場を果たした全日本男子バレーボールチームは、「サプリメントに頼らず食事から栄養摂取をする」ことを前提に、4年間強化を行ってきました。

　私が食事からしっかり栄養をとらせるようにしたのは、トレーニングすることで筋肉が鍛えられるように、食べることで内臓が鍛えられ、タフな選手になることができるから。そして、食材には「パワー」があるからです！

　野菜や果物などの食材には、サプリメントでは補給できない有効成分が含まれています。最近注目されている酵素やファイトケミカル（植物化学物質）がそれにあたりますが、これはビタミンやミネラルなどの5大栄養素以外の物質です。これらには抗酸化作用があり、スポーツ選手にとって疲労やケガを防ぐために必要なのです。
　そして食材に含まれるビタミンやミネラルなどの物質は、サプリメントで単剤でとるよりも、食事で摂取したほうが効率よく吸収されるともいわれています。
　ですからサプリメントに頼ることなく、この本を大いに活用して、食事から効果的に栄養を摂取してほしいと思っています！

　食事は続けることが大事。
　質の良い筋肉、密度の高い骨……それらはすべて自分の食べたものからできているのです。
　強くなるために、うまくなるために、今日からスタートしましょう！

　そして、これまで私がサポートさせていただいたチームや選手、スタッフ、そしてこの本を開いてくださった皆さんを含めて、出会ったすべての方に感謝しています。ありがとう。

　この本がみなさんのパフォーマンスアップの手助けになれたら嬉しく思います。

　　　　　　　　　　　　　　　　　　　　　　　　　　管理栄養士　川端理香

Chapter 1

スポーツ栄養の基本

よいプレーをするためには、トレーニングと同じくらい食事が重要。特に成長期の選手は、体作りの時期でもあるので、栄養に関してしっかりした知識を身につけておきたいものです。この章では、スポーツと栄養の関係を解説します。

トップアスリートも実践！
勝てる体は食事で作る！

スポーツ選手の食事と栄養

トップアスリートは食事をトレーニングと同じくらい重要なものと考えています。スポーツ選手にとっての「栄養」、そして「食事」とはいったいどんな意味を持っているのでしょうか。

質のよい食事が作るベストコンディション

スポーツ選手が練習の成果を発揮し、試合で勝利を収めるためには、ベストコンディションをキープすることが大切です。アスリートの強靭な体を作り上げているのが毎日の「食事」。意外に思うかもしれませんが、トレーニングの効果は、食事の質に左右されてしまうのです。

どうもコンディションが悪いな……というときは、毎日の食事の質を見直してみましょう。いつもの運動でも疲れやすい、だるいといったときは、貧血ぎみかもしれません。鉄分を多く含む食事をとるようにしてください。また、疲れやすいという場合は、ビタミン不足の可能性があります。

このように、食事の質、栄養バランスの乱れが、選手のコンディションに大きな影響を及ぼします。ふだんの練習の中では小さな変化かもしれませんが、注意深く体の声に耳をすませてください。

アスリートには食事の量も重要

スポーツ選手にとって、食事の質だけでなく量も重要なポイントです。スポーツをしている人は、普通に生活をしている人よりも消費エネルギーが激しいのが特徴。たとえば高校生の男子が1日に必要なエネルギーはおよそ2400キロカロリーといわれていますが、同じ高校生でも、ラグビー選手に必要なカロリーは4000〜4500キロカロリーと、大きな差があることがわかります。

摂取エネルギーの差

約2倍

約 2400 kcal 高校生の男子

約 4500 kcal ラグビー選手

あまり運動をしない生徒と比べて、ラグビー選手は約2倍の食事をとる必要があることがわかります。

よいパフォーマンスは強い内臓が作る！

スポーツ選手にとって食事の質と量が重要であることはすでに述べましたが、もうひとつ注意しなければならないことがあります。それは「内臓の働き」です。

人間の体は食べ物に含まれる栄養素をそのまま利用することはできません。口に入った食べ物は細かく砕かれ、胃に送られたあと、小腸でさまざまな消化酵素によって分解・吸収されます。このとき吸収された栄養素が骨、筋肉の細胞を作り出すのです。しかし、内臓の働きが弱ければ、せっかく食事をとっても、栄養素がきちんと吸収されません。

したがって、ふだんから筋肉と一緒に胃や肝臓などの内臓も鍛えておきましょう。それには、食事の量を多めにすることが一番。消化酵素の働きもよくなります。また、成長期には、肉や魚などのたんぱく質をとるように心がけると、内臓が発達し、消化効率がよくなります。

消化のしくみ

アスリートは一般の人よりカロリー消費量が多いため、たくさんの食事をとります。食べた分だけきちんと栄養に変えるには、強い内臓が必要なのです。

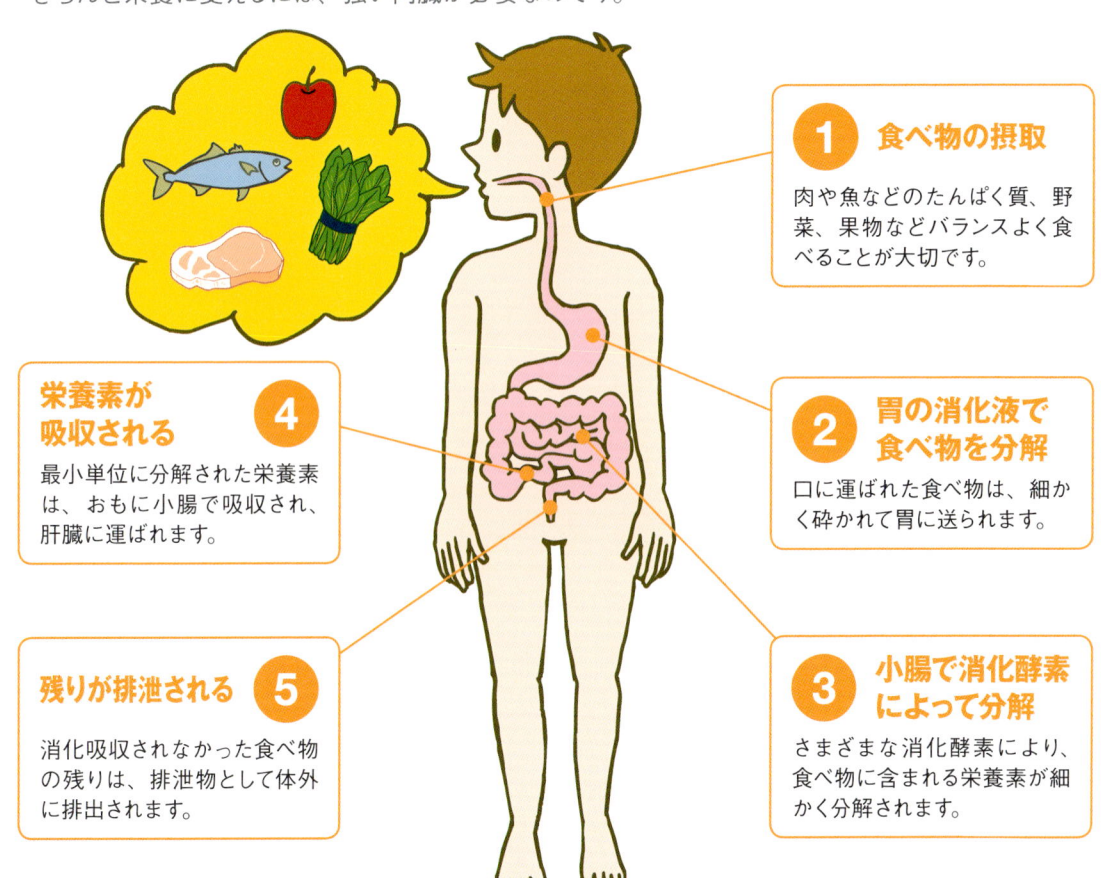

1 食べ物の摂取
肉や魚などのたんぱく質、野菜、果物などバランスよく食べることが大切です。

2 胃の消化液で食べ物を分解
口に運ばれた食べ物は、細かく砕かれて胃に送られます。

3 小腸で消化酵素によって分解
さまざまな消化酵素により、食べ物に含まれる栄養素が細かく分解されます。

4 栄養素が吸収される
最小単位に分解された栄養素は、おもに小腸で吸収され、肝臓に運ばれます。

5 残りが排泄される
消化吸収されなかった食べ物の残りは、排泄物として体外に排出されます。

栄養素の働きを理解して
毎日の献立に活かそう！

体を構成する5大栄養素の働き

人間の体のエネルギー源となり、筋肉や骨を構成する成分が食べ物に含まれる栄養素です。栄養素は過不足がないよう、バランスよくとることが一番ですが、スポーツ選手に特に不足がちな栄養素もあるので、意識してとるようにしましょう。

スポーツ選手にとって効果的な食事を作るために、まずは栄養の基本を理解することから始めましょう。人間の体の成長や活動に欠かせないのが栄養素です。その種類は45〜50種類と実に豊富。これらの栄養素をバランスよくとることが健康な体を作ります。なかでも重要な、糖質、脂質、たんぱく質、ビタミン、ミネラルを「5大栄養素」といいます。

エネルギーになる糖質と脂質

体を動かすエネルギーになるのが、糖質と脂質。糖質は炭水化物に多く、脂質は魚や肉、油などに含まれています。高い強度の運動ではおもに糖質が使用され、長時間の運動では脂質もエネルギー源として使われます。糖質はそれぞれ1グラムあたり4キロカロリー、脂質は9キロカロリーのエネルギーを生み出します。

体の調子をととのえるビタミン、ミネラル

縁の下の力持ちのような存在として働いてくれるのが、ビタミンとミネラル。糖質やたんぱく質が体を動かし、成長させるときに補助的な役割をします。ビタミンはビタミンCやB群など、13種類もの栄養素があります。ビタミンもミネラルも、微量にもかかわらず重要な働きをすることから、「生命の鎖」と呼ばれ、どこかに不足があると、体のコンディションに影響が出やすくなります。

人間の体内における栄養素の3つの働き

体の成長を支えるたんぱく質とミネラル

骨や筋肉、血液の生成など、体作りに必要なのがたんぱく質とミネラルです。育ち盛りの成長期の選手には特に必要な栄養素といえるでしょう。体の大部分はたんぱく質からできていますから、強い体を作るためには、肉や魚などをたくさんとるように心がけましょう。また、ミネラルには、骨を強くするカルシウムや貧血を防ぐ鉄分などがあります。

10

スポーツにおける栄養の役割

栄養素の体内での働きを大きく分けると、「エネルギー源になる」、「骨や筋肉など体の組織を作る」、「体の調子をととのえる」の3つがあります。

5大栄養素：糖質（炭水化物）／脂質／たんぱく質／ビタミン／ミネラル

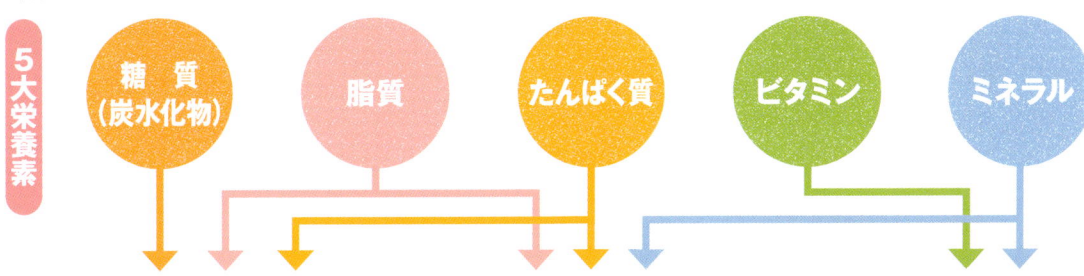

体内での働き

エネルギー源になる
生命維持や活動のためのエネルギー源になります。

体の組織を作る
筋肉や血液、骨など強い体の組織を作る成分です。

体の調子をととのえる
免疫力を高めたり、代謝機能を活性化させる働きがあります。

糖質を多く含む食べ物と含有量

主食となる穀類やいも類などに多い

ごはん 1杯（140g）
糖質量 **51.9g**

食パン4枚切り 1枚
糖質量 **46.7g**

うどん 1玉（300g）
糖質量 **170.4g**

スパゲッティ（150g）
糖質量 **108.3g**

じゃがいも 1個（200g）
糖質量 **35.2g**

バナナ 1本（120g）
糖質量 **27g**

5大栄養素 その①

脳と筋肉を動かす重要なエネルギー源！

糖質（炭水化物）

ごはんやパンなどの穀類に多く含まれています。糖質は体内にわずかしか蓄えられていないため、食べ物から摂取することが必要。食事をするときは、糖質と一緒にビタミンB1（p.62参照）をとると、エネルギーに変わりやすくなります。

脂質を多く含む食べ物と含有量

揚げ物などのとりすぎには注意！

植物油
小さじ1 (4g)
脂質量 4.0g

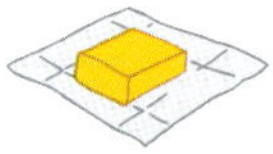

バター
大さじ1 (13g)
脂質量 10.5g

マヨネーズ
大さじ1 (14g)
脂質量 10.5g

ピーナッツ
100g
脂質量 47.5g

ベーコン
1切れ (20g)
脂質量 7.8g

豚バラ肉
(20g)
脂質量 8.0g

こんなものにも…
ケーキ / スナック菓子 / チョコレート

5大栄養素 その②

糖質の2倍のカロリーを生み出す

脂 質

脂質には中性脂肪、リン脂質、糖脂質、コレステロールなどの種類があり、このうち、中性脂肪はマラソンなど持久力系の運動をするときのエネルギー源となります。

また、1gで9kcalと糖質のおよそ2倍のエネルギーを生み出します。ただし、脂質をとりすぎると、皮下脂肪が増えてしまうので注意しましょう。

たんぱく質を多く含む食べ物と含有量

主菜の定番、肉・魚を食べよう

卵
1個 (50g)
たんぱく質量 6.2g

牛乳
1杯 (200g)
たんぱく質量 6.6g

プロセスチーズ
1枚 (20g)
たんぱく質量 4.5g

牛もも肉
(100g)
たんぱく質量 18.9g

豚もも肉
(100g)
たんぱく質量 19.5g

鶏ささ身肉
(100g)
たんぱく質量 24.6g

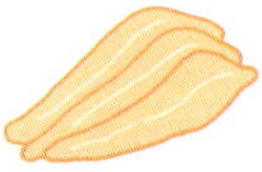

マグロの赤身
(100g)
たんぱく質量 26.4g

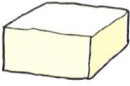
木綿豆腐
½丁 (150g)
たんぱく質量 9.9g

5大栄養素 その③

骨、血液、筋肉など体を作る栄養素

たんぱく質

たんぱく質は体内でアミノ酸に分解されて吸収されます。おもに魚や肉、卵などの動物性食品や、大豆製品に多く含まれており、スポーツ選手に必要なたんぱく質の量は体重1kgあたり1.5～2g程度（一般人の約2倍）。たとえば体重50kgのスポーツ選手は75～100gのたんぱく質が必要です。

Chapter 1 スポーツ栄養の基本

ビタミンを多く含む食べ物と含有量

野菜や果物をバランスよく食べよう

ビタミンの種類と働き

ビタミンA（緑黄色野菜など）	ビタミンB6（魚や肉など）
皮膚や粘膜を健康に保つ	アミノ酸の代謝を助ける
ビタミンD（魚やきのこ類など）	ビタミンB12（魚介類など）
骨の成長を促進する	赤血球の産生を助ける
ビタミンE（植物油など）	ビタミンC（果実や野菜など）
細胞膜の酸化、老化を予防する	筋肉や骨を強化する
ビタミンK（納豆、海藻など）	
カルシウムを結合し、たんぱく質を作る	
ビタミンB1（豚肉、魚など）	
糖質の代謝を助ける	
ビタミンB2（レバー、乳製品など）	
成長を促し、代謝を助ける	
ナイアシン（魚や肉など）	
代謝を助ける	

ビタミンB1

豚ヒレ肉（100g） / ウナギのかば焼き1串

ビタミンB1量 **1.23mg** / ビタミンB1量 **0.6mg**

ビタミンC

柿1個（200g） / 赤ピーマン（100g）

ビタミンC量 **140mg** / ビタミンC量 **170mg**

5大栄養素 その④

体を正常に保つために欠かせない栄養素

ビタミン

ビタミンは、糖質やたんぱく質のように体のエネルギー源になったり、体を作るもとにはなりませんが、さまざまな体の機能を調整する重要な役割があります。

ビタミンのなかでも、スポーツ選手にとって重要なのがビタミンB1です。糖質がエネルギーになるのを助けるために必要な成分です。

ミネラルを多く含む食べ物と含有量

海藻や緑黄色野菜をしっかりとろう

ミネラルの種類と働き

カルシウム（乳製品など）
骨や歯を作る
リン（大豆、肉など）
骨や歯を作り、代謝を促す
カリウム（果物や野菜など）
心臓や筋肉の機能を調節
ナトリウム（調味料など）
筋肉や神経の興奮を抑える
マグネシウム（大豆など）
酵素を活性化させる
鉄（レバー、肉、魚など）
赤血球のヘモグロビンの成分
亜鉛（魚介類、肉など）
たんぱく質の合成を助ける

カルシウム

牛乳（200g） / 干しエビ 大さじ1（8g） / 干しひじき（8g）

カルシウム量 **220mg** / カルシウム量 **568mg** / カルシウム量 **112mg**

鉄分

豚レバー（100g） / アサリ（30g） / ほうれん草（30g）

鉄分量 **13.0mg** / 鉄分量 **1.1mg** / 鉄分量 **0.6mg**

5大栄養素 その⑤

体の中からコンディションを調節

ミネラル

ミネラルは、カルシウムや鉄分、亜鉛など、骨や酵素の材料になる成分で、体の機能を正常に保つ役割があります。

なかでも、スポーツ選手にとって重要なのは骨を作るカルシウムと貧血を防ぐ鉄分です。これらのミネラルは、スポーツ選手に不足しがちなものですから、意識してとるようにしましょう。

水分補給のテクニックをしっかり身につけよう！

第6の栄養素 水の働きを知ろう

運動をするときに汗をかくと、大量の水分と塩分が体から失われていきます。ひどい場合には脱水症状を起こしたり、熱中症にかかったりする場合もあるので、水分補給をきちんと行うことが重要です。

人間の体における水分の役割とは？

これまでに説明した5大栄養素のほかに、スポーツ選手にとって重要な成分が体重の約60％を占めている「水」です。体内の水分が減ると、血液も水分を失い、ドロドロの状態になってしまいます。こうなると、全身に酸素を運んだり、筋肉にエネルギー源を運ぶのが困難になってしまうのです。

また、運動をして大量の汗をかき、体内の水分が少なくなると汗が出にくくなります。夏場の暑い時期には1日に10〜15リットルもの水分を失う場合もあります。汗には体温の上昇をおさえる働きがありますから、汗が出ないと体温が上昇し、脱水症状や熱中症の原因となります。さらに、汗に混じって体内のナトリウム（塩分）も失われてしまいます。失った分のナトリウムを摂取しなければ、脱水症状を起こすこともあります。

水の役割

1 体の成分になる
人間の体の約60％を占める水。エネルギーの生産や細胞の再生も、すべてこの水を通して行われます。

2 細胞の溶液になる
水を介して細胞の中と細胞の外の圧力のバランスを保つことで、体の細胞が正常に保たれます。

3 栄養素を運ぶ
栄養素を吸収したり、体中に運んだりするのも水の役割のひとつ。老廃物の運搬も行っています。

4 体温を調節する
人間の体温は、汗をかいたり、尿を排出することで調整されています。水分不足はこの機能を狂わせます。

水分補給をするときの ポイントをチェック！

水分不足を防ぐため、運動中は汗をかいた量と同じだけの水分を補給するようにしたいものです。

自分がどれくらい汗をかいているか、またはどのくらい水分が必要かわからない人は、練習前と練習後の体重を量っておくとよいでしょう。練習後に、体重の2％以上の重さが減っていた、という人は明らかに水分不足です。意識して水分を補給するように心がけてください。

また、子どもは大人と同じように体温調節をすることが難しく、水分が体内に吸収されるまでには60～90分かかるので、「喉がかわいた」と思ってからでは手遅れになる場合もあります。したがって、こまめに水分を補給するようにしてください。

運動中の水分不足を防ぐためには、練習開始前にコップ1～2杯の水を飲み、練習中でも15～30分ごとにコップ1杯程度を飲むようにするのがポイントです。何度も水を飲んでいるとお腹がいっぱいで飲めないときがありますが、その場合もうがいで口が乾かないようにしましょう。試合後の水分補給も大切です。

水分補給のポイント

ポイント 1 練習の前後で体重を量り、発汗量を確認しましょう。

ポイント 2 練習前にコップ1～2杯の水分補給をしましょう。

ポイント 3 「のどが渇いた」と感じる前に水分補給をしましょう。

ポイント 4 練習中は15～30分ごとにコップ1杯程度を飲みましょう。

ポイント 5 練習後はスポーツドリンクや100％ジュース、牛乳を。

スポーツドリンクを どんどん活用しよう！

運動中に飲むものとしては、水やお茶、スポーツドリンクが適しています。スポーツドリンクにも、糖質が多いもの、ナトリウムが多いものなどさまざまな種類があるので、コンディションに合わせて飲み分けましょう。

また、水は軟水が一般的ですが、瞬発力を必要とするスポーツには硬水が適しています。硬水を子どもが飲みにくいようなら、料理に使用するのも手です。

スポーツドリンクの種類

- **ナトリウムを多く含むもの** → **塩分の補給** 発汗で失われた塩分を補おう。
- **糖質（炭水化物）を多く含むもの** → **エネルギー補給** 激しい運動時にはドリンクでエネルギーを摂取！
- **アミノ酸、カルシウム、マグネシウムを多く含むもの** → **瞬発力を高める** 筋肉の収縮にかかわる成分を摂取しよう。

カロリーごとに理想的な献立をマスターしよう！

バランスのよい献立を覚えよう

激しい運動をするスポーツ選手は、たくさんのエネルギーを消費します。消費した分のエネルギーを補い、かつ栄養バランスのよい食事をとるためには、メニューの組み合わせがとても重要になります。

理想的な食事の組み合わせはこれ！

スポーツ選手が1日に必要なカロリーは、年齢や身長、運動時間などによって微妙に変わってきます。運動をあまりしない一般の人よりも多くのエネルギーが必要になるのはもちろんのことですが、さらに、競技によって消費カロリーが異なってきます。

すべてのスポーツ選手に共通して活用できる献立の基本形は、❶ごはんやパンなどの「主食」、❷肉や魚を中心とした「主菜」、❸ミネラルなどを含む「汁物」、おみそ汁などの「汁物」、❺「牛乳・乳製品」、❻「果物」、の6つを毎食ごとに組み合わせたものです。

この組み合わせを覚えておけば、外食時にも応用することができます。

下に運動量に合った1日あたりの栄養所要量を記しました。必ずしもすべての人に当てはまるわけではありませんが、ひとつの基準として利用しましょう。

エネルギーの食事摂取基準 (kcal/日)

男性			身体活動レベル	女性		
Ⅰ	Ⅱ	Ⅲ		Ⅰ	Ⅱ	Ⅲ
–	1,950 kcal	2,200 kcal	8〜9歳	–	1,800 kcal	2,000 kcal
–	2,300 kcal	2,550 kcal	10〜11歳	–	2,150 kcal	2,400 kcal
2,350 kcal	2,650 kcal	2,950 kcal	12〜14歳	2,050 kcal	2,300 kcal	2,600 kcal
2,350 kcal	2,750 kcal	3,150 kcal	15〜17歳	1,900 kcal	2,200 kcal	2,550 kcal
2,300 kcal	2,650 kcal	3,050 kcal	18〜19歳	1,750 kcal	2,050 kcal	2,350 kcal

資料：厚生労働省「日本人の食事摂取基準」(2005年)

身体活動レベルの活動内容

Ⅰ：身体活動レベルが低い
生活の大部分が座位で、静的な活動が中心

Ⅱ：身体活動レベルがふつう
座位中心の仕事だが、通勤・買物・家事・軽いスポーツ等のいずれかを行う

Ⅲ：身体活動レベルが高い
移動や立位の多い仕事への従事者。あるいはスポーツなど余暇における活発な運動習慣をもっている場合

特に激しい運動をする人

1日に必要なエネルギー
3500〜4500kcal

Chapter 1 スポーツ栄養の基本

バランス献立の基本

基本の献立に沿って、毎食のメニューを組み合わせるようにすると、栄養バランスをととのえやすくなります。

バランス献立の基本

❶主食：ごはん、パン、麺類など
体を動かすエネルギー源になります。

❷主菜：魚、肉、卵料理など
たんぱく源となり、体に免疫力をつけます。

❸副菜：野菜、きのこ、いも、海藻など
ビタミンやミネラルを含み、体のコンディションをととのえます。

❹汁物：みそ汁や野菜スープなど
水分、ナトリウムの補給などの役割があります。

❺牛乳・乳製品：牛乳、チーズ、ヨーグルトなど
成長期に欠かせないカルシウムが豊富に含まれています。

❻果物：リンゴ、みかん、イチゴなど
ビタミンCが豊富です。果物からも糖質を補給できます。

バランス献立の基本

高強度のエネルギーを必要とする選手
3000kcal 以上／日
主食をしっかりととり、副菜も3～4品とると効果的。多くの10代男子選手に当てはまります。

朝
- ごはん（140g） 207kcal
- マグロステーキ 322kcal
- ソーセージと野菜のソテー 161kcal
- 卵入りみそ汁 108kcal
- バナナヨーグルト 142kcal

合計 940kcal

昼
- パワフルパスタ 433kcal
- 海鮮焼き 326kcal
- 白和え風 85kcal
- ベジタブルスープ 94kcal
- ヨーグルト（100g） 60kcal
- オレンジジュース（コップ1杯）76kcal

合計 1074kcal

晩
- ごはん（140g） 207kcal
- 蒸し鶏レモン添え 376kcal
- 刺身サラダ 155kcal
- なすのチーズ焼き 83kcal
- さつま揚げのカレー炒め 122kcal
- シチュー 241kcal
- ヨーグルト（100g） 60kcal
- オレンジジュース（コップ1杯）76kcal

合計 1320kcal

1日の合計 3334kcal

中程度のエネルギーを必要とする選手
2500～3000kcal／日
食事の量は一般の人より多め。副菜は1～2品あればOK。多くの女子選手に当てはまります。

朝
- ごはん（120g） 178kcal
- マグロステーキ（2/3量） 215kcal
- ソーセージと野菜のソテー（2/3量） 107kcal
- 卵入りみそ汁 108kcal
- バナナヨーグルト（2/3量） 95kcal

合計 703kcal

昼
- パワフルパスタ（2/3量） 289kcal
- 海鮮焼き 326kcal
- 白和え風 85kcal
- ベジタブルスープ（2/3量） 63kcal
- ヨーグルト（80g） 48kcal
- オレンジジュース（コップ2/3）51kcal

合計 862kcal

晩
- ごはん（120g） 178kcal
- 蒸し鶏レモン添え 376kcal
- 刺身サラダ 155kcal
- なすのチーズ焼き 83kcal
- さつま揚げのカレー炒め（2/3量） 81kcal
- シチュー（2/3量） 161kcal
- ヨーグルト（100g） 60kcal
- オレンジジュース（コップ1杯）76kcal

合計 1170kcal

1日の合計 2735kcal

一般的な人
2000～2500kcal／日
一般的に必要なカロリーは、年齢や体格にもよりますが1日に2500kcal前後です。

朝
- ごはん（100g） 148kcal
- マグロステーキ（1/2量） 161kcal
- ソーセージと野菜のソテー（1/2量） 80kcal
- 卵入りみそ汁 108kcal
- バナナヨーグルト 71kcal

合計 568kcal

昼
- パワフルパスタ（1/2量） 217kcal
- 海鮮焼き（2/3量） 217kcal
- 白和え風（2/3量） 57kcal
- ベジタブルスープ（1/2量） 47kcal
- ヨーグルト（80g） 48kcal
- オレンジジュース（コップ2/3）51kcal

合計 637kcal

晩
- ごはん（100g） 148kcal
- 蒸し鶏レモン添え（2/3量） 251kcal
- 刺身サラダ（2/3量） 103kcal
- なすのチーズ焼き（1/2量） 42kcal
- さつま揚げのカレー炒め（1/2量） 61kcal
- シチュー 121kcal
- ヨーグルト（100g） 60kcal
- オレンジジュース（コップ1杯）76kcal

合計 862kcal

1日の合計 2067kcal

> 体作りを支えるのは
> バランスのよい食事！

成長期の選手の食事法

成長期の選手に対して、トレーニングをさせることには熱心な保護者も多いかと思います。しかし、この時期の選手にとって重要なのは健康的な食生活を送ること。規則正しい食事をとることを第一に考えてください。

練習と同じくらい大切な食事の役割

成長期のスポーツ選手にとって、練習をすることも大切ですが、栄養摂取も同じように重要です。筋肉、骨格など、体の基礎ができていることが運動能力の大前提。毎日の食事が、試合に勝てる体を作っていくのです。

また、子どもの成長には個人差があるので、成長の早い子、遅い子がいます。親は、「うちの子はきゃしゃで……」などと心配せず、子どもの成長段階に合わせて必要な栄養所要量をしっかりとるよう指導することも大切です。

成長段階別、食事法のポイント

子どもの成長段階別に考えると、まず小学生は脳や神経系の発達が盛んな時期なので、体に負担の少ないトレーニングを行い、総合力をつけるようにした方がよいでしょう。

中学生になると、呼吸循環器系が発達するので、持久力を高めるような運動が適しています。また、小・中学生は、身長がぐんと伸びる時期です。骨を丈夫にするカルシウム、そして筋肉を作るたんぱく質をたくさんとるようにしましょう。

高校生になると、筋肉や骨格系が発達してきますから、この時期は専門的なトレーニングや体作りに適しています。カルシウムやたんぱく質をとることはもちろん、ミネラルやビタミンなど、バランスよく栄養素をとり入れて体の健康を保ちます。

このように、成長期の選手の食事は、食事の質にこだわる必要があります。

成長期に心がけたい食事法

成長期には3食欠かすことなくとることが必要です。朝食抜きや、夜遅い食事などもってのほか。栄養バランスのよい食事を規則正しくとるようにしましょう。

5大栄養素をまんべんなくとろう！

身長、体重ともに大きな変化のみられる成長期には、体の健康を保つことが第一条件。5大栄養素をバランスよく含む食事を！

骨を丈夫にするカルシウムは必須！

摂取のコツは、寝る前に牛乳をコップ1杯飲む習慣をつけること。成長ホルモンは睡眠中に分泌されるので身長を伸ばしたい子どもに効果的！

不足しやすい鉄分は意識してとって！

鉄分は意識してとらないと不足してしまいがち。持久力の強化には欠かせない栄養素なので、成長期からしっかりと摂取しましょう。

朝食抜きは絶対にNGです！

朝食をとらないと、朝は血糖値や体温が十分に上がらないため、頭の働きが鈍くなったり、疲労感がとれないことがあるので注意しましょう。

正しい食習慣を身につけよう

「食事」の大切さを改めて考えてみよう

成長期の子どもの発育を支えるのは正しい食事です。しかし最近は、欠食や偏食、食事リズムの乱れなどさまざまな問題が生じています。食事に対する正しい知識をしっかりと身につけ、体によい食習慣、食事を選択できるようにしましょう。

食育の考え方について

（参考：厚生労働省「楽しく食べる子どもに」）

「食育」について考えてみよう

子どもたちの「食」をとりまく環境が急激に変化してきている昨今、子どものうちから糖尿病になったり、肥満児が増えるなど、さまざまな問題が生じています。そうならないためにも、子どものころから適切な食習慣を身につけ、自分の力で正しい食品を選び、組み合わせて食べる力を育んでいくこと、すなわち「食育」の考え方が重要なのです。

1日3食＋間食をリズムよく

成長期の選手の場合、良質なたんぱく質、カルシウム、鉄分が不足しないように注意します。

3食を規則正しくとることの重要性

食事の基本は朝・昼・夕の3食をきちんととることです。3回の規則的な食事には次のような意味があります。ひとつめは、人間の体内リズムに合わせて3食をとることが健康によいこと、そしてもうひとつが、1日に必要な栄養素は3食でないと補充しにくいからです。また、不足しがちな乳製品は朝食や間食で補うようにするとよいでしょう。

20

3食別の食事のとり方

朝・昼・夕と、3食ごとにとりたい栄養素が少しずつ異なってきます。それぞれの食事の役割を覚えて、今日から実践してみましょう。すぐに効果が表れてくるはずです。

朝食

- 乳製品は毎朝意識してとりましょう。
- 果物からビタミンCを補給しましょう。
- 卵や納豆などたんぱく質もしっかり。
- 脳のエネルギーになる糖質は十分にとりましょう。

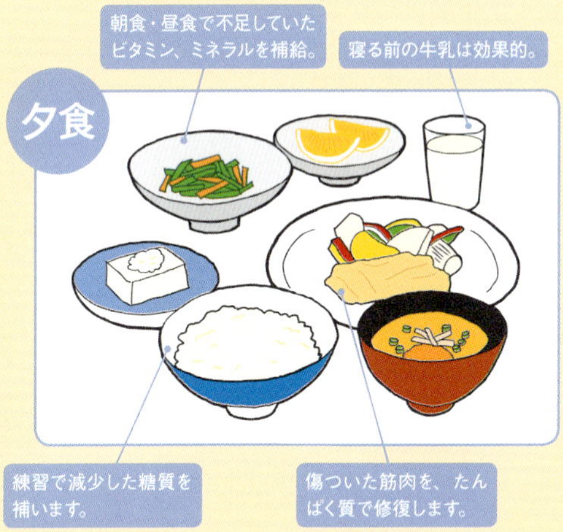

夕食

- 朝食・昼食で不足していたビタミン、ミネラルを補給。
- 寝る前の牛乳は効果的。
- 練習で減少した糖質を補います。
- 傷ついた筋肉を、たんぱく質で修復します。

昼食

- 緑黄色野菜、果物、肉などをバランスよくとって、午後の練習に備えます。
- パンやおにぎりは補食に最適。
- 昼食にも牛乳を飲む習慣をつけましょう。

乱れた食生活を改善しよう

部活動や塾の勉強など、子どもが成長期に入ると、家族と違う生活リズムを送ることも多くなってきます。すると、朝食を抜いたり、夕飯も子どもひとりでレトルト食品を食べたりと、食事の乱れが習慣化するおそれがあります。

このように、食事内容の偏り、欠食が続くと、栄養バランスが崩れて発育に大きな影響を及ぼします。食事のリズムは正しく保ちましょう。

食生活を改善しよう

NG
- 朝食抜き
- 夜ふかし食
- スナック菓子の間食
- 野菜不足

心も体も健やかに成長するために

女性選手を とりまく環境

女子選手には、スポーツをすることで引き起こされるさまざまな問題があります。栄養管理の他にも、メンタル面や体の成長度合などに気を配り、楽しくスポーツを続けられるよう周囲が努力することも大切になってきます。

レシピの活用法

例：持久力系　キムチチャーハン

基本の材料
ごはん 360ｇ／豚もも肉 120ｇ／キムチ 60ｇ／サラダ油適量／にんにく1片／塩、こしょう各少々

女性の場合は×0.8倍！

女性の場合の材料
ごはん 288g／豚もも肉 96g／キムチ 48g／サラダ油適量／にんにく、塩、こしょう各少々
※ もちろんメニューのカロリーを組み合わせて必要量に合わせてもOKです。

食事量は男子の8割を目安に

体の発育状態は、個人差だけでなく、性差も大きく影響してきます。一般的に、筋肉質な男性に比べて、女性は脂肪が多く、体つきも異なります。

栄養所要量を比較してみても、男子より女子の方が少なくなっています。本書のレシピのカロリーは15歳前後の男子を基本にしていますから、女子選手の場合は、レシピの分量の8割くらいを目安に考えるようにしましょう。

女性選手特有の問題について考える

思春期の女子選手にとって、一番の関心事は「ダイエット」でしょう。中学生から高校生にかけて女性らしい体つきに変化していく中で、その「脂肪」を重みと考える選手も多いと思います。

しかし、過度の減量は過食症や拒食症などの摂食障害を引き起こすだけでなく、それが引き金となって月経異常を招くおそれもあります。月経異常には、3ケ月以上月経が来ない「続発性無月経」や、月経周期が40日以上という「稀発月経」などがあります。さらに、体脂肪が極端に減ると、女性ホルモンのひとつであるエストロゲンの分泌が減少し、骨密度が低下して疲労骨折の原因となることもわかっています。

また、女子選手は男子よりも周りの環境や心理的なプレッシャーを受けやすいといわれていますから、メンタル面のケアも重要です。

22

Chapter 1 スポーツ栄養の基本

女子選手が注意したいこと

女子選手の場合、女性特有の心身の変化が、コンディションに大きく影響することがあります。毎日の生活の中で食事法やストレス解消に留意するよう心がけましょう。

摂食障害

スポーツ選手は体脂肪が少ないものと思って、過度の減量をするかもしれません。しかし、過度のダイエットが、拒食症や過食症などの摂食障害を引き起こすケースもあります。

予防には…

少なすぎる体脂肪は、女子選手にとって命とりになることがあります。女性には最低でも12％の体脂肪が必要ですから、ハードな食事制限を行う際は特に注意するようにしましょう。

貧血

一般的に女性は男性よりも貧血になりやすいといわれています。特にスポーツ選手は、トレーニングによっても血液中の赤血球が損失し、鉄分が失われていきます。

予防には…

女性は月経があるため、多くの鉄分をとる必要があります。女子選手は、1日に25mg以上を目安にしてください。

■ 鉄分を多く含む食材

レバー

ひじき

メンタル面

一般的に、女子選手は男子選手よりもナイーブです。なかでも、指導者の言動が、女子選手に大きな影響力を与えます。ストレスによって心身ともに異常をきたすおそれがあります。

予防には…

指導者は、選手の外見や女性ならではの悩みについて、自尊心を傷つけるような言動を控えましょう。もし、そのような指導者がいる場合は、すぐにスポーツトレーナーなどに相談を。親も、子どもの様子に注意しましょう。

月経障害

激しいトレーニングを継続すると、体に負担がかかり、「続発性無月経」や「稀発月経」などさまざまな月経障害が発生します。これらは女性ホルモンのバランスが乱れていることが原因です。

予防には…

女性ホルモンの分泌の乱れを改善する必要があります。栄養バランスのよい食事をし、過度の食事制限をしている場合は、それを改めなければなりません。また、精神的なストレスが原因の場合もあります。

川端先生から +α のアドバイス

トップアスリートが試合前に食べるもの

自分に必要なものを食べる

　試合前にトップアスリートがどんな食事をしているかは、みなさん気になることと思います。といっても、特別なものを食べているのではなく、この本にも書かれていることをもとにしたメニューを食べています。

　実際に、どんなものを食べているのか紹介しましょう。

【メニュー例】※以下のメニューから必要なものを選びます。
- スパゲッティ2種　■ おにぎり3種　■ 焼きそば　■ パン3種以上
- うどん（餅、ねぎ、キムチ、すりごま、とろろいもなど別添え）
- フルーツ5種以上　■ プレーンヨーグルト（ハチミツ、コーンフレーク別添え）

　基本的に試合直前は、競技場に近いホテルに宿泊しているので、そこでビュッフェ形式の食事をとることが多くなります。炭水化物中心のメニューですが、ビュッフェ形式にすることで、そのときの選手の嗜好やコンディションによって、内容や量を調整することができるのです。

　例えばうどん。あえてトッピングを別添えにしてあります。試合の運動量が多くエネルギーがたくさん必要な選手は「餅」「とろろいも」を、瞬発力や脚のけいれんが心配な選手はすりごまを……というように、コントロールができるのです。

ビュッフェではいろんな種類のおにぎりやフルーツが用意されます。選手は自分に必要な栄養を理解してメニューを選んでいます。撮影／川端理香

食事環境も重要なポイント

　そして試合前だからこそ、リラックスして食事ができる環境を作るのも大切です。栄養士は栄養だけ……と思われがちですが、チームに帯同して一番大切だと思ったのはここです。選手が食事する15分前にはメニューがすべて並ぶようにし、料理が不足しないようにする、とりやすいように料理の配置を変える、塩やこしょうなどの調味料や箸などもテーブルに用意しておく……。そういった配慮で選手の食事環境をととのえるのも、スポーツ栄養士として心がけていることです。

　食事は栄養だけではありません。環境でも栄養の吸収は変わってくるのです。

Chapter 2

競技別レシピ

競技力を向上させるためには、自分の競技の特性と高めるべき力を理解したうえで体を鍛えることが大切です。この章では競技タイプ別に食事のとり方のポイント、競技力アップに効果的なレシピを紹介します。競技特性にふさわしい体作りをめざしましょう。

※レシピの材料は2人分、カロリーは1人分のものを表記しています。

> 競技力アップに差がつく食べ方をチェック！

競技に合わせた食事をとろう

スポーツ選手に必要なのは、栄養バランスのよい食事。それにプラスして、それぞれの競技力を高める食べ方が大切です。ここでは各競技をカテゴリー分けし、特性を紹介します。自分の競技において高めたい力をしっかり理解しましょう。

競技力の違いを理解しよう

スポーツ選手に必要とされる力は、種目の特性によって異なります。例えば一瞬で力を使い切って重い砲丸やハンマーを投げる投てき競技と、パワーはさほど必要ではありませんが、長時間走り続けないといけない長距離走とでは、当然使う力が違ってきます。

競技力を高める食事法も、種目によって変わります。この本では、種目を「筋力系」「持久力系」「瞬発力系」の3タイプに分け、それぞれのタイプ別に効果的な食事のとり方や、必要な栄養素を解説しています。

また、競技タイプ別に、必要な栄養素をしっかりとることができ、競技の特性にふさわしい体作りができるレシピを紹介しています。

自分の競技がどのタイプになるかをチェックし、毎日の食事にとり入れてください。

食事でトレーニングの効果を高める

競技力は基礎体力の上に成り立つもの。例えばサッカーなら、シュートの練習だけをしていても、試合で勝てる力はつきません。走り込み、筋力トレーニング、シュート練習というように、さまざまなトレーニングを組み合わせて基礎体力、技術力を高めていかなければなりません。

このとき、トレーニング内容に合わせて食事内容を変えると、より高い効果が期待できるようになります。

走り込みの時期には、持久力系の食事をとって練習に必要なエネルギーを蓄えます。筋量を増やすための筋力トレーニング期には、筋力系の食事をとり、シュートなどテクニック面を高める技術トレーニングや、スピードを鍛えるインターバルトレーニングを行うときは、瞬発系の食事をとり入れるとトレーニングの効果を高められます。

26

Chapter 2 競技別レシピ

競技タイプはこの3つに分かれる

各競技タイプには、次のような種目が当てはまります。それぞれのタイプの効果的な食事法、とりたい栄養素は、p.34以降を参照してください。

瞬発力系

短距離の陸上、水泳などで必要になるのは、短時間にすべての力を出し切るための瞬発力です。また球技スポーツも、ボールに対しての素早い反応が勝敗の決め手となるので、瞬発力系に分類されます。

主なスポーツ

短距離走、水泳（短距離）、走り幅跳び、棒高跳び、野球、サッカー、ラグビー、テニス、バドミントン、ゴルフ、バスケットボール、卓球、柔道、スピードスケート、アメリカンフットボール、空手、レスリング　など

→ p.86へ

持久力系

マラソンなど、休憩を入れずに長時間運動を続ける競技が、このタイプです。試合で力を発揮するには、トレーニングで体を追い込み、全身持久力を強化することが必要。練習をこなすための食事のとり方がポイントに。

主なスポーツ

長距離走、マラソン、水泳（長距離）、トライアスロン、クロスカントリー　など

→ p.60へ

筋力系

投てき競技など、一瞬で全力に近いパワーを使う競技が分類されます。このタイプに必要なのは筋力。筋肉が太いほど、大きな力を発揮できるようになるので、トレーニングはほぼ筋量アップのためのものになります。

主なスポーツ

砲丸投げ、ハンマー投げ、ウエイトリフティング、体操　など

→ p.34へ

トレーニングの効果を上げるにはこの食事

各トレーニングの効果を高める食事は以下の通り。競技タイプのメニューを基本とし、トレーニング内容に合わせた別タイプのメニューを副菜などでとり入れましょう。

インターバル※トレーニング

※速いペースとゆっくりのペースを交互に繰り返して走るトレーニング。

技術トレーニング

瞬発力系の食事をとり入れる

走り込み

持久力系の食事をとり入れる

筋力トレーニング

筋力系の食事をとり入れる

> 力の使われ方を知ることが
> 競技力アップにつながる！

各競技の特性と必要となる力

ここでは競技ごとに、筋力、持久力、瞬発力のなかで不可欠な力は何か、それぞれの力がどのようなバランスで必要になるのか、どんな場面で発揮されるのかを解説します。各競技の特性を理解し、トレーニングや食事に活かしましょう。

持久力
？
筋力
瞬発力

複数の力から競技力が成り立つ

「筋力」「持久力」「瞬発力」の3つの競技力タイプを紹介しましたが、自分の競技に当てはまるひとつの力だけを鍛えればよいというわけではありません。例えば瞬発力系スポーツの選手でも、スポーツをするうえでの土台として筋力が必要になります。また、長時間の試合を戦い抜くには持久力も必要です。このように、競技にはどんな力がどのように使われるのかを見極めることが必要です。

3つのタイプ分けは、その競技のすべてというわけではなく、もっとも目立つ面ととらえるとよいでしょう。

また、同じ競技力タイプでも、競技によって力の使われ方は違います。例えば瞬発力系競技でも、短距離走ではダッシュするために瞬発力が必要なのに対し、球技では素早くボールを蹴ったり打ったりするために必要になります。また、同じ競技内でも、ポジションによって必要となる力が変わることもあるので、自分の競技にはどんな力がどのように使われるのかを見極めることが必要です。

28

Chapter 2 競技別レシピ

野球

ポジション別必須競技力

野球はポジションによって、運動内容が大きく異なる種目。必要となる力も少しずつ違います。それぞれのポジションに必要な競技力をチェックしましょう。

ボールに反応してキャッチしたり、投げたり、打ち返したりするためには、素早い動きが重要になってきます。そのため、もっとも高めたい力はスピード、すなわち瞬発力です。そして、これらの技術を支える筋力も必要になります。

トレーニングが長時間に及び、走り込みのトレーニングが多いのも野球の特徴です。このトレーニングをのり切るためには、持久力も軽視できません。

必要となる力

食事のとり方

基本は瞬発力。日によって違うトレーニングを行うチームも多く、練習内容に合わせて筋力系、持久力系メニューをとり入れることで、高い効果を期待できます。

外野手
筋 瞬

飛んできたボールをジャンプキャッチしたり、ボールを遠くまで投げるためには、筋力と瞬発力が不可欠。

ピッチャー
筋 持 瞬

試合のなかで何回もボールを投げなければいけないピッチャーは、筋力、瞬発力だけでなく持久力もポイントに。

内野手
瞬

バッターが打ったボールに反応して素早くキャッチし、塁につく前に投げるには、瞬発力を高めることが大切。

バッター
筋 瞬

投げられたボールに瞬時に反応し、100km/h以上ものスピードの投球を打ち返すためには瞬発力と筋力が必要。

サッカー

シュートを決めたり、ヘディングしたりするためには、瞬発力と筋力が必要になります。また、日本代表選手になると、1試合で13キロメートルも走るといわれています。しかもダッシュとゆっくりした走りを繰り返すため疲労しやすく、持久力も必要に。ゴールキーパーは、持久力はさほど重要ではありませんが、シュートに反応するための瞬発力の強化がいっそう求められます。

必要となる力

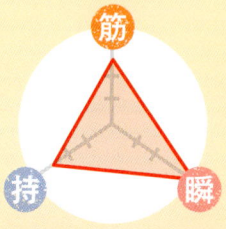

食事のとり方

基本は瞬発力系メニュー。筋力トレーニング期には筋力系メニュー、走り込み時期には持久力系メニューもとって、ほかの力もバランスよく鍛えましょう。

長距離走、マラソン、クロスカントリー

長距離走、マラソン、クロスカントリーで重要なのは、まず持久力です。長い距離を走り抜くには、この力が必要不可欠。トレーニングではとにかく走り込みを行い、全身の持久力を強化します。また、運動量が多いため、筋肉の消耗が激しく、持久力競技といっても、筋トレーニングを軽視してはいけません。成長期の選手は、体作りという意味でも重要になります。

必要となる力

食事のとり方

基本となる持久力系メニューで、走り込みの効果を高めます。筋力トレーニングを行うときは、筋力系のメニューもとり入れて、たんぱく質を補給しましょう。

短距離走、ハードル、スピードスケート

短距離走やハードル、スピードスケートなどで重要なのは瞬発力と筋力。スタートの爆発力、短い時間を全力で走り切る力は瞬発力に関係します。そしてこの瞬発力は、基礎となる筋力があってはじめて発揮できるものです。トレーニングは、ダッシュの練習や筋力トレーニングが中心になります。競技時間も短く、持久力はさほど必要にはならないので、瞬発力と筋力の強化に集中しましょう。

必要となる力

食事のとり方

基本となるのは瞬発力系メニュー。スピードアップをはかりつつ、筋力トレーニング時には筋力系のメニューに切り替えて、筋量アップを促しましょう。

走り幅跳び、棒高跳び

走り幅跳びや棒高跳びなど跳躍競技において、助走で加速するときやジャンプをするときに働くのは瞬発力です。ただし、そのおおもとになっているのは筋力。したがって、技術的なトレーニングだけではなく、筋力トレーニングも行う必要があります。しっかりと体作りをすることで、より高く、そして遠くまで跳ぶことができるのです。瞬発力と筋力の2本柱を中心に鍛えましょう。

必要となる力

食事のとり方

基本は瞬発力系。跳躍の技術トレーニングをするときは特にしっかりとりましょう。筋トレの時期には、筋力系のメニューをとると、効果が高まります。

砲丸投げ、ハンマー投げ

筋

投てき競技には、とにかく筋力が重要で、筋肉を太く鍛える必要があります。投げる瞬間には瞬発力もかかわってきますが、筋力がないと重い砲丸やハンマーを遠くまで投げられません。したがってトレーニングは筋力アップのためのものが中心になります。長時間にわたって動き続けたり、集中したりということは少ないので、ほかの競技と比べると、持久力はあまり必要ではありません。

必要となる力

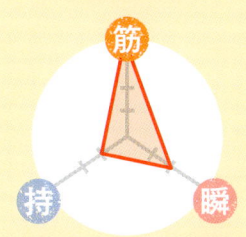

食事のとり方

基本は筋力系のメニューによって、効果的に筋力を高めます。投げる動作などの技術的な練習を行うときは、瞬発力系のメニューをとり入れると効果的。

水泳(長距離)

持

100メートル以上の距離を泳ぐ場合は持久力が必要になります。長い距離を泳いだり、走ったりというトレーニングを行い、持久力を養いましょう。また、手や足の動きには筋力が必要です。したがって、筋力トレーニングも欠かせません。

水泳は浮力の影響でエネルギーの消費量が多いのも特徴です。そのため、特にエネルギー摂取が必要になります。

必要となる力

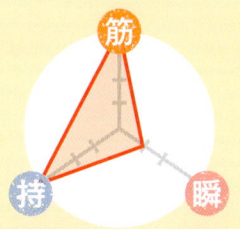

食事のとり方

基本は持久力系メニューです。筋力トレーニングを行うときは、筋力系メニューもとり入れましょう。エネルギー消費量に合わせて、食事の量は多めに。

水泳(短距離)

瞬

泳ぐ距離が変わると、同じ水泳でも、トレーニング内容や必要な力は変わります。距離が100メートル以下の短距離の場合、短時間で全力を出し切って泳ぐために必要なのは瞬発力です。また、長距離の場合と同じように、手足の動きを支えるのは筋力。筋力強化も競技力アップのための重要な要素です。エネルギーの消耗が激しいのも長距離の場合と同じです。

必要となる力

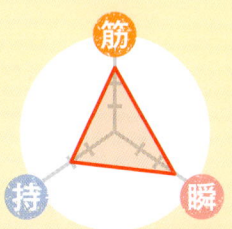

食事のとり方

瞬発力系メニューを基本にして、筋力トレーニング期には筋力系メニューをとり入れます。消費エネルギーが多いので、食事の量は多めにするのがポイントです。

体操

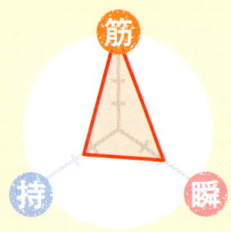

体操の選手は、一瞬のうちに全身の筋力を使って動くので、筋力アップが重要になります。また、キレのある動きをするためには、瞬発力も必要です。

ほかの競技と違う点は、動きの美しさが審査対象となるため、ウエイトコントロール、特に減量が必要になることが多いということです。筋力を落とさず、うまく減量することが非常に重要なポイントになります。

必要となる力

食事のとり方
筋力系メニューを基本にし、技の練習時には瞬発力系、走り込み期には持久力系メニューもとりましょう。減量には、p.132〜133のメニューを活用しましょう。

ラグビー、アメリカンフットボール

ダッシュしたりボールを蹴ったりと素早い動きが求められるラグビーやアメフト。したがって、特に重要なのは瞬発力です。また、ラグビーは選手同士がぶつかり合うため、ケガが多くなりがちです。ケガをしにくく、相手のアタックに負けない強い体作り、筋力の向上も非常に大切になってきます。サッカーなどと同様に1試合で走る距離が長いので、スタミナ、すなわち持久力も重要です。

必要となる力

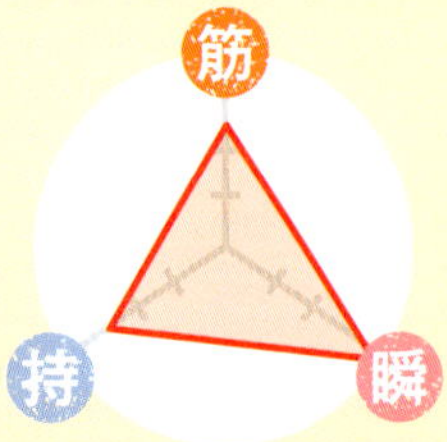

食事のとり方
瞬発力系メニューを基本とし、筋トレ期には筋力系、走り込み期には持久力系メニューを。ケガ予防に p.126〜131 のケガを治すメニューもとりましょう。

柔道

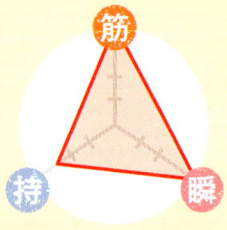

柔道に必要なのは素早く技を仕掛けるための瞬発力と、相手と組み合うための筋力。この2つの力をバランスよく鍛えましょう。試合では、勝敗が決まる最後まで粘り続けなければならない場面も出てくるので、持久力も軽視できません。

また、柔道は階級制種目なので、いかに筋肉を落とさずに減量するか、脂肪を増やさず増量するかも重要なポイントになってきます。

必要となる力

食事のとり方
基本は瞬発力系メニューで、筋トレに合わせて筋力系、走り込み期には持久力系もとりましょう。減量・増量は p.132〜135 を参考にしてください。

32

競技別レシピ

ゴルフ

瞬

ゴルフで求められるのは、思い通りの距離、位置にボールを飛ばすコントロールの巧みさ、技術です。体のキレが重要になるため、瞬発力を中心に鍛えるとよいでしょう。

飛距離を出すためには、筋力も必要なので、筋力トレーニングも欠かせません。また、試合を通して集中力を切らさないことも重要なので、高い集中力が求められます。

必要となる力

筋 / 持 / 瞬

食事のとり方

瞬発力系が基本。素振り練習時にとると特に効果的。筋トレ期には筋力系、走り込み期には持久力系、集中力アップにはp.116〜117のメニューをとりましょう。

テニス、卓球 バドミントン

瞬

相手の打ったボールに素早く反応して打ち返すには、スピーディーな動きを生み出す瞬発力が必要です。インパクトの強いボールを打つためには筋力の強化も重要なポイント。そして、長時間の試合を戦い抜く持久力も不可欠です。

また、テニスもバドミントンも汗をかきやすい競技なので、練習でも試合でもしっかり水分補給をして、コンディションを保つことも重要なポイントです。

必要となる力

筋 / 持 / 瞬

食事のとり方

基本は瞬発力系メニューで、筋トレ期には筋力系メニュー、走り込み期には持久力系メニューを。肩のケガ予防にはp.128のねんざを治すメニューが効果的。

バスケットボール、バレーボール

瞬

バスケットボールやバレーボールなど、コートが狭い競技では、ひとつひとつの動きにスピードが求められます。ボールに素早く反応するためにも、瞬発力が重要です。シュートやサーブ、スパイクの瞬間には筋力も使われ、長時間の試合を戦い切るには持久力も必要です。

ボールの動きに集中し、敵や見方の動きを読んで動かなければならないので、集中力も鍛えておきましょう。

必要となる力

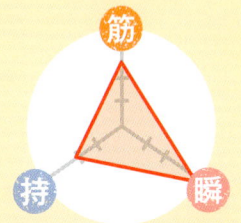
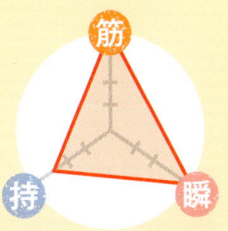

筋 / 持 / 瞬

食事のとり方

基本は瞬発力系メニュー。筋トレ期には筋力系、走り込み期には持久力系もとりましょう。ねんざやつき指をしやすいので、p.127〜128のメニューで予防を。

> たんぱく質をとって
> パワーアップ！

筋力系競技タイプの食事法

筋量を上げることが競技力アップにつながる筋力系競技。食事で重要な栄養素は、筋肉の材料となるたんぱく質です。効果的なとり方や、吸収率を高める組み合わせを紹介するので、ぜひ実行してみてください。

太い筋肉を作り筋力を向上させる

筋力はあらゆる競技力の土台となります。どの競技でも筋力トレーニングを行うように、スポーツ選手の基本の力といえます。特に成長期の子どもは、筋力アップ＝体作りととらえるとよいでしょう。なかでも投てき競技など筋力系競技においては、筋力強化が最重要。筋肉は筋肉が太くなるほど強くなり、一瞬に発揮できる力も大きくなってくるのです。

トレーニングと栄養・睡眠で筋力強化

筋力をつけるためにまず大切なのはトレーニングですが、それと同じくらい栄養と睡眠が重要になります。それには筋肉が太くなるしくみが関係しています。トレーニングで筋肉に負荷がかかると、筋繊維に傷がつきます。その後、食事で筋肉の材料を補給し、さらにしっかりと睡眠をとって成長ホルモンを分泌させることで、筋肉は以前よりも太く修復され、より激しいトレーニングを行えます。これを繰り返していくことで、筋肉はどんどん強くなっていくのです。

逆に、どんなにトレーニングをがんばっても、栄養や睡眠が十分でなかったり、不規則だったりすると、筋肉は修復されずに弱くなることさえあります。トレーニングと栄養、睡眠は筋肉を作るためにどれも欠かせないので、3つでセットと考え、筋力アップにはげみましょう。

パワーアップ → 筋肉がより太く修復される → 食事休養 → 筋繊維に細かい傷がつく → トレーニング

34

たんぱく質は効率よく摂取しよう

筋肉の材料になる栄養素はたんぱく質。肉や魚、卵、大豆製品、乳製品などに多く含まれています。筋力アップをめざすなら、そのとり方も重要になります。

まず、食事ごとにたんぱく質を多く含む食品をとることがポイント。スポーツ選手には、体重1キログラムにつき2グラム程度のたんぱく質が必要です。例えば体重50キログラムの選手なら100グラム。これはサーロインステーキ6枚で達成できる量です。しかし一度の食事で目標量をとるのは難しいので、3食のなかでこまめにとりましょう。

いろいろな食品から摂取することも大切。たんぱく質は複数のアミノ酸から構成され、それぞれのアミノ酸を十分に含むものが優良食品だとされます。すべてのアミノ酸を十分に含む食品は多くありませんが、複数の食品をとることで、アミノ酸を補い合えるのです。

たんぱく質摂取のコツ

一度でとらずこまめに

一度の食事で吸収できるたんぱく質の量も限られています。朝・昼・夕食と、間食にもたんぱく質をとり入れ、摂取回数を増やすのが効率のよいとり方。

複数の食品からとる

単品からではなく、いろいろなたんぱく質食品を組み合わせるのが、望ましい摂取法です。特に以下の食品は積極的にとり入れるようにしましょう。

鶏肉

鶏肉にはたんぱく質の吸収率を高めるビタミン B_6 (p.36参照)が豊富。たんぱく質源になり、しかもほかのたんぱく質食品の吸収を助ける頼もしい食品です。

魚介類

魚類にはマグロなど、肉類以上にたんぱく質を含む食品が多くあります。また貝類、イカやタコ、エビは高たんぱく低脂肪。どれも優良なたんぱく質源です。

脂肪はおさえる

たんぱく質食品は、部位によって脂質の含まれる量が違います。脂肪をとりすぎてしまわないように、同じ豚肉でも脂肪の少ない部位を選ぶなど、工夫をしましょう。

食品100gが含むたんぱく質量と脂質量

食品名	たんぱく質(g)	脂質(g)
和牛バラ肉（脂身つき）	11.0	50.0
和牛肩ロース肉（脂身つき）	13.8	37.4
豚バラ肉（脂身つき）	14.2	34.6
豚もも肉（脂身つき）	20.5	10.2
鶏もも肉（皮なし）	22.0	4.8
鶏ささ身肉	24.6	1.1
マグロ（黒マグロ赤身）	26.4	1.4
カツオ（春獲り）	25.8	0.5
鶏卵（生）	12.3	10.3
豆腐（木綿）	6.6	4.2
牛乳（低脂肪）	3.8	1.0

植物性たんぱく質

たんぱく質には肉類などの動物性と、大豆や納豆、牛乳、チーズなどの植物性のものがあります。子どもは肉類を好みがちですが、両方をバランスよくとるようにしましょう。

たんぱく質の吸収を高めるビタミンB6、C

たんぱく質を摂取するとき、一緒にビタミンB6とビタミンCを摂取すると、吸収が高まります。

ビタミンB6はたんぱく質が筋肉へと合成されるのを助ける栄養素です。鶏肉や、マグロ、カツオ、じゃがいも、バナナなどに多く含まれています。鶏肉はたんぱく質もビタミンB6も含むので、筋力を高めたいと考えている人には、肉類の中でも特におすすめの食品です。筋力トレーニングの時期の食事にとり入れると、特に高い効果を期待できます。

たんぱく質は筋肉の材料になるだけではなく、関節の腱やじん帯、軟骨などを作るコラーゲンの材料にもなります。コラーゲンの合成にはビタミンCが必要で、たんぱく質と一緒にとることで、関節を強化できます。ビタミンCは野菜類やフルーツに含まれているので、これらをしっかりとるように心がけましょう。

筋肉の合成を助ける！ ビタミンB6を豊富に含む食品

鶏肉　レバー　じゃがいも
バナナ　赤身の魚　玄米

コラーゲンの合成を助ける！ ビタミンCを豊富に含む食品

芽キャベツ　小松菜　ピーマン
じゃがいも　フルーツ

肉や魚を食べたら野菜もとりたい

たんぱく質をとろうとすると、肉や魚を使ったメニューが多くなります。ここで気をつけたいのが、肉や魚を食べた場合は、野菜もしっかりととる必要があるということです。

肉や魚の食事に偏ると、便秘になってしまうことがあります。便秘になると、腸にガスが溜まり、パフォーマンス低下の原因になることも。便秘を防ぐためには食物繊維を含む野菜類をしっかりと食べることが大切です。栄養バランスに注意して野菜を十分にとり、便秘を防ぎましょう。

バランスよく！

主菜をたっぷりとり、主食にもたんぱく質を

筋力タイプの選手は、筋肉の材料となるたんぱく質を十分にとることが大切です。たんぱく質をとりやすい主菜を多めにしてください。主食にも肉や卵などをプラスしてたんぱく質の摂取量を増やし、1日の目標摂取量に近づけましょう。副菜や汁物でもたんぱく質をとりたいのですが、主菜で動物性たんぱく質をとった場合は、副菜や汁物では豆や大豆製品もとるように心がけてください。1食のなかで、動物性と植物性、両方のたんぱく質をとるのが理想です。さらに、牛乳とヨーグルトをプラスします。

トレーニングにメニューを合わせるときは、主食と主菜のバランスは変えずに副菜と汁物で持久力や瞬発力のメニューをとり入れましょう。走り込みを行うときは持久力系メニューの、技術的なトレーニングを行うときは瞬発力系メニューのものに置き替えてください。

筋力タイプの理想の献立はコレ！

- 牛乳でたんぱく質を補給します。
- ヨーグルトでたんぱく質を補給します。
- ごはんの量は140gが目安です（15歳前後の男子の場合）。
- 水分補給ができる汁物は必ずつけましょう。
- 副菜は2種類が目安です。野菜と一緒にたんぱく質をとれるメニューなど。
- 主菜は量を多めに（※p.38からのレシピでは、分量をすでに増やしてあります）。

※年齢別、男女別の総カロリーの調整方法はp.5を参照してください。

お弁当にするなら

- ごはんは1食でとりたい量をおにぎりにしてもOK。
- お弁当箱を用意し、主菜をつめます。主菜は量を調節して2種類つめても◎。
- パックの牛乳をプラスします。
- ヨーグルトをプラスします。
- もうひとつのお弁当箱に、副菜を数品つめます。

主食 ごはんやパンにたんぱく質食材をプラス！

筋力アップ！

375kcal ベーグルチーズサンド

鉄分／カルシウム／お弁当

【材料（2人分）】
ベーグル2個／卵2個／レタス2枚／クリームチーズ40g

【作り方】
❶ ベーグルに横半分に切り込みを入れる。
❷ ゆで卵を作り、輪切りにする。レタスは食べやすい大きさにちぎる。
❸ ベーグルの切り込み部分にクリームチーズを塗り、ゆで卵、レタスを挟む。

One Point Advice ベーグルは低カロリー。体脂肪が気になるときにおすすめです。

卵とクリームチーズでたんぱく質をGET！

477kcal きなこフレンチトースト

糖質／鉄分

牛乳と卵が質のよい筋肉を作る

【材料（2人分）】
フランスパン12cm／卵2個／牛乳1カップ／バター大さじ2／ハチミツ大さじ2／きなこ大さじ6

【作り方】
❶ フランスパンは4等分する。
❷ ボウルに卵を割りほぐし、牛乳を入れてよく混ぜ、フランスパンを浸す。
❸ フライパンにバターを熱し、❷を焼き色がつくまで両面焼く。
❹ ❸を器にのせ、ハチミツをかけてきなこをまぶす。

One Point Advice きなこには、コンディションをととのえるマグネシウムが豊富です。

Chapter 2

競技別レシピ

主食

うどんに肉をプラスして
パワーメニューに！

434 kcal 肉うどん

【材料（2人分）】
うどん1⅓玉／豚ひき肉200g／長ねぎ40g／サラダ油適量／A《だし汁4カップ／しょうゆ大さじ4／みりん大さじ2》

【作り方】
❶ フライパンに油を熱し、ひき肉を炒める。長ねぎは斜め薄切りにする。
❷ 鍋にAを入れて火にかけ、つゆを作る。
❸ うどんを表示時間通りにゆでる。
❹ 器に❸を盛り、❶のひき肉と長ねぎをのせて、❷のつゆをかける。

One Point Advice 少し濃いめの味つけで塩分をとって、汗で失ったナトリウムを補給！

433 kcal パワフルパスタ

【材料（2人分）】
スパゲッティ160g／豚ロース薄切り肉100g／ソーセージ30g／玉ねぎ100g／なす60g／ピーマン20g／パプリカ（赤）40g／オリーブ油適量／塩、こしょう各少々／しょうゆ大さじ4／バター小さじ2／粉チーズ適量

【作り方】
❶ 豚肉とソーセージ、野菜類は食べやすい大きさに切る。
❷ スパゲッティは表示時間通りにゆでる。
❸ フライパンにオリーブ油を熱し、豚肉、野菜、ソーセージの順で❶を炒める。
❹ ❸に❷を加え、塩、こしょう、しょうゆ、バターで味をととのえる。
❺ ❹を器に盛り、粉チーズをかける。

One Point Advice パプリカ、ピーマン、なすなど緑黄色野菜もしっかりとることができます。

鉄分　ビタミンC　糖質　お弁当

たんぱく質食材を
たっぷり具に使ったパスタ！

筋力アップ！

たっぷり入った肉が筋力UPに効果的！

ビタミンC　お弁当

452kal 焼きビーフン

【材料（2人分）】
ビーフン100g／にら40g／パプリカ（黄）40g／えのきたけ20g／絹さや6枚／豚ひき肉160g／サラダ油適量／塩、こしょう各少々／水2カップ／中華だし小さじ2

【作り方】
❶ にらは3cm長さに、パプリカは細切りに、絹さやは斜め半分に切る。えのきたけは根元を切りおとし、3cm長さに切る。
❷ フライパンに油を熱し、ひき肉、にら、えのきたけ、パプリカを炒め、塩、こしょうをする。
❸ ❷に水と中華だし、ビーフンを加え、水分がなくなるまで煮込む。
❹ 絹さやを加えてさっと炒める。

One Point Advice　野菜もとれるので、パフォーマンス低下の原因となる便秘を防げます。

307kal 豆ごはん

【材料（2人分）】
ごはん320g／枝豆（ゆで）30g／えんどう豆（ゆで）30g／塩少々／炒りごま（白）適量

【作り方】
❶ ごはんに枝豆とえんどう豆を加えて混ぜる。
❷ 塩で味をととのえる。
❸ 器に❷を盛り、炒りごまを振りかける。

One Point Advice　混ぜごはんは具でかさを増やせるので、ごはんが少なめでも満足できます。豆を混ぜれば、筋力アップに効果的なたんぱく質メニューになります。

糖質　お弁当

低脂肪・高たんぱくな豆は「畑の肉」！

457 kal 親子丼

鶏肉は肉類のなかでも筋力UPに効果絶大！

【材料（2人分）】
ごはん280g／鶏むね肉160g／玉ねぎ100g／卵2個／あさつき（小口切り）小さじ1／サラダ油適量／塩、こしょう各少々／しょうゆ大さじ2／和風だし小さじ2

【作り方】
❶ 鶏肉は一口大に、玉ねぎは薄切りにする。
❷ フライパンに油を熱し、鶏肉と玉ねぎを炒めて塩、こしょうをする。
❸ ❷に火が通ったらしょうゆ、和風だしで味をつけ、さらに炒める。
❹ 割りほぐした卵を❸に回し入れて、半熟になったらとり出す。
❺ ごはんを器に盛り、❹をのせてあさつきを飾る。

One Point Advice 鶏肉も卵もたんぱく質が豊富。また、鶏肉のビタミンB6がたんぱく質の吸収を助けます。

409 kal 刺身納豆丼

刺身と納豆からたんぱく質を得られる！

【材料（2人分）】
ごはん280g／納豆40g／甘エビ（刺身用）6本／サケ（刺身用切り身）60g／カツオ（刺身用切り身）40g／白身魚（刺身用切り身）40g／あさつき（小口切り）小さじ1／しそ2枚／しょうゆ小さじ2／炒りごま（白）適量／わさび適宜

【作り方】
❶ 納豆にあさつきとしょうゆを加え、混ぜる。
❷ 器にごはんを盛り、しそを敷いて❶の納豆と、刺身をのせる。
❸ 納豆に炒りごまをのせ、好みでわさびを添える。

One Point Advice 動物性（刺身）と植物性（納豆）、両方のたんぱく質がとれます。

主菜 たんぱく質食材をとりやすい、筋力メニューの中心！

筋力アップ！

エビやイカには疲労回復の働きアリ！

326 kcal 海鮮焼き

【材料（2人分）】
シーフードミックス（冷凍）400g／にんじん40g／たけのこ20g／いんげん40g／ヤングコーン20g／サラダ油適量／中華だし小さじ2／塩、こしょう各少々／炒りごま（白）大さじ2

【作り方】
1. にんじんとたけのこは細切りにする。いんげんは3cm長さに、ヤングコーンは半分に切る。
2. フライパンに油を熱し、解凍したシーフードミックス、①を加えて炒める。
3. 軽く火が通ったら、中華だしと塩、こしょうで味をととのえる。炒りごまを振る。

One Point Advice 魚介類はたんぱく質が豊富。また、エビやイカに含まれるタウリンには疲労回復効果があります。

433 kcal イカ南蛮

【材料（2人分）】
イカ400g／玉ねぎ100g／にんじん60g／小麦粉、溶き卵各適量／揚げ油適量／しょうゆ大さじ2／砂糖少々／酢大さじ3／唐辛子（小口切り）少々／おろしにんにく少々／あさつき（小口切り）小さじ1／炒りごま（白）小さじ1

【作り方】
1. 玉ねぎは薄切り、にんじんはせん切りにする。
2. イカは内臓と軟骨をとって輪切りにし、小麦粉、卵の順で衣をつけ、約180℃の油でカラッと揚げる。
3. 鍋にしょうゆ、砂糖、酢、玉ねぎ、にんじん、唐辛子、にんにくを入れてひと煮立ちさせる。
4. ②に③をかけて、あさつきと炒りごまを散らす。

One Point Advice イカはたんぱく質が豊富！ 低脂肪で筋力アップに効果的な食材です。

酢に含まれるクエン酸とイカのタウリンで体力回復！

42

たたきレンコン入りつくね

507 kcal

ビタミンB6が豊富！筋トレした日にはコレ！

【材料（2人分）】
鶏ひき肉240g／レンコン140g／しょうが1片／しそ4枚／牛乳大さじ4／溶き卵40g／パン粉大さじ1／塩、こしょう各少々／サラダ油適量／めんつゆ大さじ2

【作り方】
1. レンコンとしょうがはあらみじんに切り、しそはせん切りにする。
2. ボウルにひき肉、レンコン、しょうが、牛乳、卵、パン粉、塩、こしょうを加えてよく混ぜて6等分し、小判型を6つ作る。
3. フライパンに油を熱し、❷の両面を火が完全に通るまで焼く。
4. 器に❸をのせ、しそをのせてめんつゆをかける。

One Point Advice 鶏肉はたんぱく質が豊富で、たんぱく質の吸収を高めるビタミンB6も含みます。レンコンには体を温める働きがあるので、冬場には特におすすめ。

肉団子みぞれ煮

502 kcal

たんぱく質豊富な肉団子を消化のよい大根と合わせて

【材料（2人分）】
豚ひき肉300g／玉ねぎ100g／しょうが1片／大根200g／溶き卵40g／牛乳大さじ4／パン粉大さじ2／塩、こしょう各少々／水2カップ／和風だし小さじ2／しょうゆ小さじ2

【作り方】
1. 玉ねぎはみじん切りにし、しょうがと大根はすりおろす。
2. ボウルにひき肉と玉ねぎ、しょうが、卵、牛乳、パン粉、塩、こしょうを加えてよく練る。
3. 鍋に水と和風だし、しょうゆを入れて火にかけ、沸騰したら❷をスプーンですくっておとし入れる。
4. 十分に火が通ったら、大根を大さじ1程度残してすべて加え、さらに煮る。
5. 器に❹を盛り、残しておいた大根をのせる。

One Point Advice 大根が消化を助けるので、内臓が疲れているときにおすすめです。

筋力アップ！

505 kcal 煮込みハンバーグ

豚肉×トマトは疲れをとる効果大！

【材料（2人分）】
豚ひき肉 200g／玉ねぎ 100g／トマト 100g／トマトの水煮（缶詰）200g／A《溶き卵 40g／牛乳大さじ4／パン粉大さじ2／塩、こしょう各少々》／サラダ油適量／小麦粉適量／ケチャップ大さじ2／パセリ少々／じゃがいも 100g／にんじん 60g

【作り方】
❶ じゃがいもとにんじんは一口大に切って、柔らかくゆでる。
❷ 玉ねぎは半量を薄切りに、残りをみじん切りにする。トマトは粗めのみじん切りにする。
❸ ボウルにひき肉とみじん切りにした玉ねぎ、Aを加えてよく練る。
❹ ❸を2等分し、大きな小判型を2つ作る。表面に小麦粉をつけ、油を熱したフライパンで、両面に焼き色がつくように焼く。
❺ ❹にトマトの水煮、ケチャップ、トマト、薄切りにした玉ねぎを加えて10〜15分煮込む。
❻ 器に❺を盛り、刻んだパセリをのせて❶を添える。

401 kcal ゴーヤチャンプルー

たんぱく質も野菜もとれるバランスメニュー！

【材料（2人分）】
ゴーヤ 100g／豆腐（木綿）200g／豚ロース薄切り肉 100g／卵2個／サラダ油適量／塩、こしょう各少々／和風だし小さじ2／しょうゆ小さじ2／カツオ節 2g／炒りごま（白）大さじ2

【作り方】
❶ ゴーヤは半分に切り、種とワタをとって薄切りにし、塩水（分量外）で水洗いする。豆腐はよく水をきってから2〜3cm角に、豚肉は食べやすい大きさに切る。卵は割りほぐす。
❷ フライパンに油を熱し、豆腐と豚肉を炒める。
❸ 豚肉の色が変わったら、ゴーヤを加えてさらに炒め、塩、こしょうと和風だし、しょうゆで味をつける。
❹ 卵を回し入れてよく混ぜたら、カツオ節と炒りごまを振る。

One Point Advice ゴーヤにはビタミンCが豊富に含まれています。

Chapter 2

競技別レシピ

主菜

人気中華メニューは実はたんぱく質が豊富！

395kcal カニ玉

【材料（2人分）】
卵3個／カニかまぼこ200g／長ねぎ40g／中華だし小さじ2／塩、こしょう各少々／サラダ油適量

【作り方】
❶ 長ねぎは斜め切りに、カニかまぼこは食べやすい大きさに切る。
❷ ボウルに卵を割りほぐし、❶と中華だし、塩、こしょうを加えてよく混ぜる。
❸ フライパンに油を熱し、❷を流し入れ、かき混ぜながら焼き、卵が半熟になったら火を止める。

One Point Advice メイン食材のかまぼこと卵がたんぱく質源になります。スポーツ選手の場合は、油を控えめに作りましょう。

433kcal エビチリ

【材料（2人分）】
無頭エビ（殻つき）400g／塩、こしょう各少々／長ねぎ100g／サラダ油適量／A《ケチャップ大さじ4／しょうゆ小さじ2／酒小さじ2／砂糖少々／豆板醤少々／おろししょうが少々／おろしにんにく少々》

【作り方】
❶ エビは殻をむいて背ワタをとり、塩、こしょうする。長ねぎは斜め切りにする。
❷ フライパンに油を熱し、エビをさっと炒める。
❸ Aを混ぜて❷に加え、さらに炒める。
❹ 十分に火が通ったら長ねぎを加えてさっと炒め、火を止める。

One Point Advice にんにくをプラスすることで、食欲増進＆疲労回復効果がUP！

エビは筋肉の材料になり疲労回復にも効果的！

筋力アップ！

376 kcal 蒸し鶏レモン添え

【材料（2人分）】
鶏もも肉 400g／塩、こしょう各少々／水適量／和風ドレッシング 20g／レモン½個

【作り方】
① 鶏肉は食べやすい大きさに切り、塩、こしょうで下味をつける。
② フライパンを熱し、①の両面を色が変わるまで焼いたら水を加えてふたをし、蒸し焼きにする。
③ 器に②をのせ、和風ドレッシングをかけて、くし形に切ったレモンを添える。

One Point Advice レモンに含まれるクエン酸が、疲労回復に効果的です。

筋力を高める鶏肉料理は筋トレ期におすすめ！

322 kcal マグロステーキ

【材料（2人分）】
マグロ 400g／塩、こしょう各少々／にんにく2片／大根 40g／あさつき（小口切り）小さじ2／サラダ油適量／ポン酢大さじ1

【作り方】
① マグロは4等分し、塩、こしょうで下味をつける。にんにくはスライスする。大根はすりおろす。
② フライパンに油を熱し、にんにくを香りが出るまで炒め、マグロを加えて両面焼く。
③ ポン酢をかけて軽く火を通し、器に盛って大根おろしをのせ、あさつきを散らす。

マグロのアミノ酸で疲れ知らず！

489 kcal タンドリーポーク

【材料（2人分）】
豚ロース肉 300g／塩、こしょう各少々／ヨーグルト 400g／カレー粉小さじ2／おろしにんにく小さじ2／サラダ油適量／レタス2枚

【作り方】
① 豚肉は食べやすい大きさに切り、塩、こしょうで下味をつけ、フォークをつきさし、火の通りをよくする。
② ヨーグルトとカレー粉、にんにくを混ぜ、①を浸けて数時間おく。
③ フライパンに油を熱し、②を火が通るまで焼く。
④ 器にレタスを敷き、③を盛る。

豚肉で筋力UP！カレーの香りで食欲UP！

鶏のねぎ塩焼き 417kcal

【材料（2人分）】
鶏むね肉300g／長ねぎ160g／塩少々／サラダ油適量

【作り方】
❶ 鶏肉は食べやすい大きさに切り、長ねぎは斜め切りにして塩を振る。
❷ フライパンに油を熱し、❶を炒める。鶏肉に十分に火が通ったら、火を止める。

One Point Advice ねぎは疲労回復効果のある食材です。

筋力UPのナンバーワン食材 鶏肉を使った簡単レシピ

から揚げ 510kcal

【材料（2人分）】
鶏もも肉300g／おろしにんにく少々／おろししょうが少々／しょうゆ大さじ2／片栗粉適量／揚げ油適量／レタス4枚／ミニトマト2個

【作り方】
❶ 鶏肉は食べやすい大きさに切る。
❷ にんにく、しょうが、しょうゆ、片栗粉をよく混ぜ、❶を浸ける。
❸ ❷を約180℃の油でカラッと揚げる。
❹ 器にレタスを敷いて❸を盛り、半分に切ったミニトマトを添える。

下味の香味野菜が疲労回復に効く！

煮豚 500kcal

【材料（2人分）】
豚ロース肉400g／玉ねぎ200g／あさつき（小口切り）小さじ2／水4カップ／A《しょうゆ大さじ4／砂糖小さじ2／みりん小さじ2》

【作り方】
❶ 豚肉は食べやすい大きさに切り、玉ねぎは薄切りにする。
❷ 鍋に水とA、豚肉、玉ねぎを入れ、柔らかくなるまで煮込む。
❸ 器に❷を盛り、あさつきを散らす。

トレーニングで疲れた日はこのメニュー！

筋力アップ！

495 kcal 豆腐と豚肉の炒め物

【材料（2人分）】
厚揚げ140g／豚ロース薄切り肉240g／ほうれん草100g／サラダ油適量／塩、こしょう各少々

【作り方】
1. 厚揚げは3cm角に切る。豚肉とほうれん草は5cm長さに切る。
2. フライパンに油を熱し、厚揚げと豚肉を炒める。火が通ったらほうれん草を加えて炒め、塩、こしょうで味をととのえる。

One Point Advice 厚揚げは植物性たんぱく質。豚肉は動物性たんぱく質。1品から2種類のたんぱく質をとることができます。

たんぱく質が豊富な厚揚げと豚肉が主役！

---

483 kcal ポークチーズカツ

【材料（2人分）】
豚ロース肉（とんかつ用）200g／塩、こしょう各少々／スライスチーズ30g／小麦粉、溶き卵、パン粉各適量／揚げ油適量／ミニトマト2個／キャベツ100g

【作り方】
1. 豚肉に塩、こしょうで下味をつけ、横半分に切り込みを入れて、そこにチーズを挟む。
2. ①に小麦粉、卵、パン粉の順で衣をつけ、約180℃の油でカラッと揚げる。
3. ②を器にのせ、ミニトマトとせん切りにしたキャベツを添える。

豚肉にチーズをプラスしてたんぱく質量増大！

---

399 kcal 鶏のゆずこしょう炒め

ゆずこしょうの香りで食欲増進！

【材料（2人分）】
鶏むね肉300g／アスパラガス40g／サラダ油適量／ゆずこしょう少々

【作り方】
1. 鶏肉とアスパラガスは食べやすい大きさに切る。
2. フライパンに油を熱し、鶏肉を炒めて火が通ったらアスパラガスを加え、さらに炒める。
3. ゆずこしょうで味をつける。

One Point Advice 鶏肉はたんぱく質とビタミンB6の両方が豊富。効果的にたんぱく質を摂取できる食材です。

Chapter 2 競技別レシピ

421 kcal もつ煮

【材料（2人分）】
もつ200g／豆腐（木綿）100g／長ねぎ40g／しょうが少々／あさつき（小口切り）小さじ2／水4カップ／A《みそ大さじ1／砂糖大さじ2／しょうゆ大さじ1》／炒りごま（白）大さじ2

【作り方】
❶ もつは洗って食べやすい大きさに切る。
❷ 豆腐は食べやすい大きさに切り、長ねぎとしょうがは斜め薄切りにする。
❸ 鍋に湯を沸かし、しょうがと❶を入れてアクをとりながら煮る。豆腐と長ねぎ、Aを加えて煮込む。
❹ 器に❸を盛り、あさつきと炒りごまを振る。

もつはたんぱく質＆ビタミン類が豊富！

主菜

484 kcal オニオン牛サイコロステーキ

【材料（2人分）】
牛ロース肉300g／にんにく2片／玉ねぎ100g／オリーブ油適量／粉チーズ30g／めんつゆ大さじ2／トマト100g

【作り方】
❶ 牛肉は3cm角のサイコロ状に切る。にんにくと玉ねぎは薄切りにする。
❷ フライパンにオリーブ油を熱し、にんにくと玉ねぎを炒める。
❸ ❷に牛肉を加えてさっと炒め、粉チーズとめんつゆを入れて味をととのえる。
❹ 器に❸を盛り、輪切りにしたトマトを添える。

玉ねぎとにんにくが疲れによく効く！

346 kcal おでん

【材料（2人分）】
ちくわ2本／はんぺん2枚／卵2個／水4カップ／和風だし小さじ2／しょうゆ小さじ2

【作り方】
❶ ちくわは斜め半分に、はんぺんは一口大に切る。
❷ ゆで卵を作る。
❸ 鍋に水、和風だし、しょうゆを入れ、❶と❷を入れて10〜15分煮込む。

ちくわやはんぺんには関節を強くする効果が！

One Point Advice
ちくわやはんぺんなど、魚の加工食品もたんぱく質が豊富。卵にもたんぱく質が入っています！

副菜 野菜には肉や魚をプラス。豆腐や豆もたっぷりと!

筋力アップ!

🏆 88kcal イカの韓国風サラダ

【材料 (2人分)】
イカ (刺身用) 200g／水菜 40g／キムチ 60g／しょうゆ適量

【作り方】
1. 水菜は3cm長さに切る。
2. 器に水菜を盛り、イカ、キムチをのせて、好みでしょうゆをかける。

One Point Advice イカは疲労回復に効果的なタウリンが豊富に含まれている、スポーツ選手におすすめの食品です。

たんぱく質が豊富なイカで筋力アップ!

🏆 155kcal 刺身サラダ

【材料 (2人分)】
マグロ (刺身用切り身) 60g／サケ (刺身用切り身) 60g／カニ (刺身用) 40g／甘エビ (刺身用) 60g／水菜 40g／大根 100g／しそ2枚／和風ドレッシング 20g

【作り方】
1. マグロとサケは1cm厚さに切る。水菜は3cm長さに切り、大根としそはせん切りにする。
2. 器に水菜、大根、しそを盛り、マグロ、サケ、カニ、甘エビをのせて和風ドレッシングをかける。

One Point Advice 水菜はカルシウムを豊富に含む野菜です。成長期の子どもには特におすすめ!

たんぱく質

赤身の魚が入ったサラダでアミノ酸を摂取!

50

Chapter 2 競技別レシピ

ハムとチーズのたんぱく質が筋肉の材料になる！

お弁当

180 kcal 生春巻き

【材料（2人分）】
生春巻きの皮2枚／サニーレタス2枚／かいわれ20g／スライスチーズ2枚／ハム2枚／ケチャップ小さじ2

【作り方】
❶ 生春巻きの皮を水で戻し、半分に切る。
❷ レタスは半分にちぎり、かいわれは根元を切りおとす。チーズとハムは半分に切る。
❸ ❶にレタス、ハム、チーズ、かいわれをのせて巻く。
❹ ケチャップをつけていただく。

One Point Advice　野菜が不足していると感じたら、野菜の量を増やしたり、アスパラガスやピーマン、パプリカなど、ほかの野菜を巻くのもおすすめです。

副菜

161 kcal ソーセージと野菜のソテー

【材料（2人分）】
魚肉ソーセージ200g／キャベツ200g／サラダ油適量／塩、こしょう各少々

【作り方】
❶ ソーセージは斜め輪切りに、キャベツは食べやすい大きさに切る。
❷ フライパンに油を熱し、❶を炒めて塩、こしょうで味をととのえる。

One Point Advice　そのままでも食べられる魚肉ソーセージには、たんぱく質が豊富に含まれています。

ビタミンC　お弁当

ソーセージは手軽に使えて筋肉作りにも大活躍！

筋力アップ！

五目煮 114kcal

植物性たんぱく質を含む大豆がたっぷり！ ビタミンC

【材料（2人分）】
大豆（水煮）80g／レンコン60g／にんじん60g／たけのこ60g／こんにゃく40g／昆布適量／しょうゆ小さじ2／水1カップ

【作り方】
① 野菜とこんにゃく、昆布はすべて一口大に切る。
② 鍋に①と、大豆、しょうゆ、水を入れて、中火で柔らかくなるまで煮る。

One Point Advice 根菜には食物繊維が豊富。便秘気味なときにおすすめのメニューです。

白和え風 85kcal

【材料（2人分）】
にんじん60g／豆腐（木綿）200g／めんつゆ適量／水適量／パセリ少々

【作り方】
① にんじんは細切りにしてさらに短く切り、豆腐は粗めのみじん切りにする。
② 鍋に水で薄めためんつゆを入れ、にんじんと豆腐を入れて、汁気がなくなるまで炒め煮にする。
③ 器に②を盛り、パセリを添える。

One Point Advice 豆腐のたんぱく質は植物性。動物性たんぱく質を含むメニューと合わせてバランスよく！

主菜がお肉や魚なら副菜には豆腐料理が◎！ カルシウム お弁当

前菜風ゆで卵 88kcal

栄養豊富な卵を使った超簡単筋力UPメニュー！ お弁当

【材料（2人分）】
卵2個／しそ4枚／カツオ節2g／しょうゆ小さじ2

【作り方】
① ゆで卵を作り、半分に切る。
② 器にしそを敷き、①をのせる。
③ ②にカツオ節を振り、しょうゆをかける。

One Point Advice 卵は良質のたんぱく質源。1日1～2個は食べたい食材です。

136 kcal バンバンジー風

脂肪をおさえて筋肉をつけたいならコレ！

お弁当

【材料（2人分）】
鶏ささ身肉 140g ／きゅうり 40g ／にんじん 60g ／A《塩少々／砂糖、酢各大さじ2／しょうゆ大さじ4》／炒りごま（白）大さじ1

【作り方】
❶ きゅうりは斜め薄切りに、にんじんはせん切りにする。
❷ 鶏肉はゆでて、手で割く。
❸ ボウルに❶と❷を入れて、Aを加えて和え、炒りごまを振る。

One Point Advice 鶏ささ身肉は低脂肪・高たんぱくな食材です。

野菜にチーズをプラスしてこまめにたんぱく質摂取！

カルシウム　お弁当

83 kcal なすのチーズ焼き

【材料（2人分）】
なす 100g ／とろけるチーズ 40g ／塩、こしょう各少々／ミニトマト2個

【作り方】
❶ なすは2cm幅の輪切りにして、塩、こしょうをする。
❷ ❶を耐熱皿にのせ、とろけるチーズをかけてオーブントースターで10～15分焼く。
❸ 半分に切ったミニトマトを添える。

One Point Advice チーズはカルシウムも豊富に含んでいます。積極的にとり入れましょう。

---

108 kcal 豆腐マリネ

筋力UPしながら疲れもとれる！

【材料（2人分）】
豆腐（絹）200g ／トマト 60g ／紫玉ねぎ 40g ／酢小さじ2／レモン汁少々／塩少々／オリーブ油小さじ2

【作り方】
❶ 水気をきった豆腐、トマトは1cm角のサイコロ状に切る。玉ねぎは薄切りにする。
❷ 酢、レモン汁を混ぜ合わせ、塩とオリーブ油を加えてドレッシングを作る。
❸ ❶と❷を混ぜ合わせる。

One Point Advice 酢やトマトに含まれるクエン酸は、疲労回復に効果があります。

Chapter 2 競技別レシピ　副菜

筋力アップ！

141 kcal カツオそぼろ炒め

たんぱく質源のカツオを
野菜と一緒に食べられる

鉄分／たんぱく質／ビタミンC／お弁当

【材料（2人分）】
カツオ 160g／ほうれん草 100g／みょうが 10g／サラダ油適量／カツオ節 2g／しょうゆ小さじ1

【作り方】
❶ ほうれん草は3cm長さに切る。みょうがは薄切りに、カツオは粗めのみじん切りにする。
❷ フライパンに油を熱し、❶を炒めて火が通ったらカツオ節としょうゆを加えてさっと火を通す。

One Point Advice ほうれん草は鉄分が豊富。貧血気味の人は特にとり入れたい食材です。

134 kcal 厚揚げ豆板醤(トウバンジャン)風

【材料（2人分）】
厚揚げ豆腐 160g／長ねぎ 60g／水3カップ／塩少々／しょうゆ小さじ2／おろししょうが少々／豆板醤小さじ2

【作り方】
❶ 厚揚げ豆腐は食べやすい大きさに切り、長ねぎは斜め切りにする。
❷ 鍋に水、塩、しょうゆ、しょうがを入れて火にかけ、沸騰したら厚揚げ豆腐を入れる。
❸ ❷に豆板醤と長ねぎを加えて、さらに5〜10煮込む。

One Point Advice 豆板醤の辛さが食欲を高めてくれます。夏バテしたときにもおすすめです。

厚揚げが筋肉の材料に！
ピリ辛味で食欲もUP！

鉄分／カルシウム

122 kcal さつま揚げのカレー炒め

魚が原料のさつま揚げは
たんぱく質が豊富！

お弁当

【材料（2人分）】
さつま揚げ 100g／玉ねぎ 60g／サラダ油適量／塩少々／カレー粉小さじ2

【作り方】
❶ さつま揚げと玉ねぎは細切りにする。
❷ フライパンに油を熱し、❶を炒めて、塩とカレー粉で味をととのえる。

One Point Advice カレー粉には食欲増進効果があります。食欲のないときにピッタリ！ 玉ねぎをほかの野菜に変えてもおいしくいただけます。

54

150 kcal 豚とナムルの炒め物

お弁当 / 市販のナムルをスポーツ食にアレンジ！

【材料（2人分）】
豚もも薄切り肉100g／ナムル（市販のもの）60g／サラダ油適量

【作り方】
① 豚肉は食べやすい大きさに切る。
② フライパンに油を熱し、豚肉を炒める。
③ ②にナムルを加えてさっと炒める。

One Point Advice 豚肉にはたんぱく質のほか、疲労回復に効果的なビタミンB1も豊富です。

101 kcal 枝豆サラダ

枝豆にはたんぱく質＆ビタミン、ミネラルが豊富！
ビタミンC / お弁当

【材料（2人分）】
枝豆200g／ワカメ（塩蔵）50g／塩少々

【作り方】
① 枝豆はゆでてさやから出す。ワカメは塩を振りおとし、10分ほど水に浸けたあと水洗いして粗めのみじん切りにする。
② 枝豆とワカメを混ぜ、塩で味をととのえる。

One Point Advice ワカメには食物繊維とミネラルが豊富に含まれています。

142 kcal バナナヨーグルト

カルシウム / バナナがたんぱく質の吸収率をUP！

【材料（2人分）】
バナナ1本／ヨーグルト200g／ハチミツ20g

【作り方】
① バナナは食べやすい大きさに切る。
② ヨーグルトにバナナとハチミツを加えて混ぜる。

One Point Advice ヨーグルトにはたんぱく質が、バナナにはたんぱく質の吸収を高めるビタミンB6が豊富。間食にもおすすめ。

汁物 たんぱく質食品と、不足しがちな野菜をとろう！

筋力アップ！

豚肉とにらで疲れを持ち越さない！

105kcal にらと豚肉のみそ汁

【材料（2人分）】
にら40g／豚もも薄切り肉100g／だし汁1½カップ／みそ大さじ2

【作り方】
① にらは2cm長さに、豚肉は一口大に切る。
② 鍋にだし汁を入れて火にかけ、沸騰したら弱火にして豚肉を入れる。豚肉の色が変わったらにらを加える。
③ ②にみそを溶かし入れる。

One Point Advice
豚肉は疲労回復に効果的なビタミンB1を含む食材。にらがビタミンB1の吸収を高める最高の組み合わせです。

108kcal 卵入りみそ汁

【材料（2人分）】
卵2個／白菜60g／だし汁1½カップ／みそ大さじ2

【作り方】
① 白菜は食べやすい大きさに切る。
② 鍋にだし汁を入れて火にかけ、沸騰したら弱火にして①の白菜を入れて、柔らかくなるまで煮る。
③ ②にみそを溶かし入れ、卵を割り入れる。卵の外側が固まったら火を止める。

One Point Advice
卵は栄養豊富で、「完全食品」と呼ばれています。たんぱく質も豊富。スポーツ選手なら1日に2個以上食べたい！

卵を入れるだけでみそ汁がスポーツ食に！

競技別レシピ

貧血が気になる人にも
おすすめのメニュー

ビタミンC　カルシウム

89 kcal 牛乳汁

【材料（2人分）】
ほうれん草60g／プロセスチーズ10g／牛乳1カップ／水½カップ／みそ大さじ2弱

【作り方】
① ほうれん草は細かく刻む。チーズは1cm角に切る。
② 鍋に牛乳と水、①を入れて火にかけ、沸騰したら弱火で煮込み、ほうれん草が柔らかくなったらみそを溶かし入れる。

One Point Advice
牛乳とチーズのたんぱく質が、筋力UPに効果的。また、ほうれん草は鉄分が豊富な野菜です。貧血気味の人はぜひ取り入れて！

98 kcal 手羽汁

汁物

手羽肉のコラーゲンが
関節を強くする！

【材料（2人分）】
鶏手羽先2本／ごぼう40g／にんじん40g／長ねぎ20g／だし汁1カップ／みそ大さじ2強

【作り方】
① ごぼうは皮をむいて斜め薄切りに、にんじんは太めのせん切りに、長ねぎは斜め薄切りにする。
② 鍋にだし汁を入れて火にかけ、沸騰したら弱火にして手羽先とごぼう、にんじんを加えてアクをとりながら煮る。
③ 材料が柔らかくなったら長ねぎを加え、みそを溶かし入れる。

One Point Advice
手羽はたんぱく質、コラーゲンが豊富。煮込む時間を長くすれば、手羽からコラーゲンが溶け出す量がアップします。ごぼうなどの根菜が体を温めるので、風邪の予防にも効果的。

筋力アップ！

牛乳を使ってカルシウムとたんぱく質を摂取！

カルシウム

241 kcal シチュー

【材料（2人分）】
豚かたまり肉60g／玉ねぎ60g／にんじん40g／じゃがいも40g／サラダ油適量／水1カップ／牛乳2カップ／コンソメ小さじ2／塩、こしょう各少々／パセリ少々

【作り方】
❶ 豚肉と野菜は食べやすい大きさに切る。
❷ 鍋に油を熱し、❶を炒める。
❸ ❷に火が通ったら水と牛乳、コンソメを加え、沸騰したら弱火にして5〜10分煮込む。
❹ 塩、こしょうで味をととのえたら、パセリをのせる。

One Point Advice 豚肉や牛乳からたんぱく質を摂取できます。また、野菜から溶け出したビタミンも補給できます。

63 kcal ビーンズスープ

たんぱく質豊富な豆が主役のスープ！

【材料（2人分）】
ビーンズ（缶詰）60g／水1カップ／コンソメ小さじ2／塩、こしょう各少々／パセリ少々

【作り方】
❶ 鍋に水を入れて火にかけ、沸騰したら弱火にしてコンソメとビーンズを入れて約5分煮る。
❷ 塩、こしょうで味をととのえ、刻んだパセリを振る。

One Point Advice おかずがお肉や魚など動物性たんぱく質のときはこのメニューでバランスよく！

クラムチャウダー

120 kcal

魚介類のタウリンが練習の疲れをとってくれる！

カルシウム

【材料（2人分）】
シーフードミックス（冷凍）100g／牛乳1½カップ／塩、こしょう各少々／パセリ少々

【作り方】
① 鍋に牛乳を入れて火にかけ、沸騰したら弱火にして解凍したシーフードミックスを入れる。
② 塩、こしょうで味をととのえ、刻んだパセリを振る。

One Point Advice　牛乳にはたんぱく質が豊富に含まれています。牛乳ベースのスープは筋力アップに効果的。

ベジタブルスープ

94 kcal

スープに溶け込んだ野菜のビタミンを摂取！

ビタミンC

【材料（2人分）】
ピーマン20g／玉ねぎ40g／なす40g／トマト40g／ソーセージ60g／トマトの水煮（缶詰）100g／水3カップ／ケチャップ小さじ2／塩、こしょう各少々

【作り方】
① ピーマンと玉ねぎは薄切りにし、なすとトマトは1cm角のサイコロ状に切る。
② 鍋に水を入れて火にかけ、沸騰したらトマトの水煮、水、ソーセージ、①を加え、5〜10分煮込む。
③ ②に火が通ったら、ケチャップと塩、こしょうで味をととのえる。

One Point Advice　ソーセージのような加工食品も、肉や魚と同じようにたんぱく質を含んでいます。野菜は加熱することでかさが減り、量をたくさんとることができます。

糖質を確保し、エネルギーを切らさない！

持久力系競技タイプの食事法

長時間のトレーニングや試合をのり切らないといけない持久力系競技。重要な栄養素は、エネルギー源となる糖質です。効率的に体にエネルギーを貯めるには、食べ方や食べるタイミングにも工夫が必要です。

長時間連続して動ける体を作る

長距離走やマラソンなどの持久力系の競技では、長時間続けて運動を行うトレーニングが必要です。ほとんどのスポーツで持久力を養うために走り込みを行いますが、持久力系の競技では、より厳しく体を追い込みます。厳しい練習をこなすことができるかどうかが、試合本番での勝敗の決め手になってくるのです。

グリコーゲンを毎日補給！

長時間運動を続ける持久力系競技は、エネルギーの消費が多いのが特徴です。運動をするときにエネルギー源となるのは、主にグリコーゲンです。グリコーゲンとは、糖質が小腸で消化・吸収されてブドウ糖となり、すぐに使われずに筋肉・肝臓に貯蔵されたもののこと。運動で使用するのは筋肉に貯まったグリコーゲンで、肝臓に貯まったものは脳のエネルギーになります。

グリコーゲンは運動によって消費され、持久力系競技では、トレーニングで使い切ってしまうこともあります。グリコーゲンがなくなってしまうと疲労し、運動を続けられなくなります。また、次のトレーニングまでにグリコーゲンが十分に回復しないと、すぐにスタミナ切れを起こします。効果的なトレーニングができなくなります。食事ごとにしっかり糖質を補給し、グリコーゲンの量を回腹させることが必要です。

糖質補給が不十分 ／ 十分な糖質補給

糖質でエネルギーをチャージ！

エネルギーとなるのは、糖質すなわち炭水化物です。ごはんや麺類、パンなど、主食系の食品が代表的で、ほかにもいも類やかぼちゃ、トウモロコシ、フルーツなどにも多く含まれています。

エネルギーの消費量の多い持久力競技の選手は、気をつけないと糖質不足になってしまいます。3食で糖質の主食をとるのはもちろんのこと、補食でも糖質をとるなどして、摂取量を上げましょう。

また、脳のエネルギー源になるのは糖質だけ。どの競技にもいえることですが、よいパフォーマンスを発揮するためには、脳の働きも重要です。脳に十分なエネルギーがいかなければ、的確な判断ができなかったり、集中力が落ちてしまったりします。その結果、ミスを招き、プレーにキレがなくなってしまうのです。頭も体も満足に動かすために、糖質をしっかりと補給しましょう。

糖質摂取のコツ

朝食に糖質を
脳のエネルギーになるのは糖質だけなので、朝食を抜くとスタミナ不足になるだけでなく、集中力が落ち、ケガを招くことも。朝食からしっかりと糖質をとり、練習に備えましょう。

トレーニング後すぐにとる
トレーニング後30分以内に糖質をとると、グリコーゲンの回復が早くなり、疲労回復の効果も高くなります。タイミングよく摂取しましょう。

よく噛んで食べる
グリコーゲンは糖質が消化されたものなので、よく噛んで食事をすることが大切。消化・分解が促進され、効率よくエネルギーを得られます。

持久力系は鉄分の消耗も激しい

持久型のスポーツ選手が特に注意したいのが鉄分不足による貧血やスタミナ不足。長時間のトレーニングや試合中に、血液中のヘモグロビンが活発に筋肉へ酸素を運ぶため、ヘモグロビンの材料となる鉄分が壊れやすいのです。鉄は非常に吸収されにくいので、鉄分を豊富に含む食品を意識してとるようにしましょう。

鉄分が豊富な食品

- レバー
- ひじき
- アサリ
- ほうれん草
- カツオ
- 納豆

糖質の吸収を高める ビタミンB1とクエン酸

糖質はほかの栄養素を一緒にとることによって、エネルギーをより効率よく生み出すことができます。

まず、豚肉などに多く含まれるビタミンB1。ビタミンB1には、糖質がエネルギーに分解されるのを助ける働きがあります。豚肉のほかにも大豆製品やウナギ、たらこなどに多く含まれています。

またクエン酸にも、糖質の吸収を早める効果があります。クエン酸は果物の酸味のもとになる成分で、かんきつ類や梅干しなどに多く含まれています。

これらの栄養素を食事の中でうまく組み合わせるようにしましょう。

ビタミンB1とクエン酸には、疲労回復効果があるので、疲れたときにとるのも効果的。ビタミンB1は、にんにくやにら、玉ねぎなどの香味野菜と一緒にとると吸収が高まります。疲れやすい人は、これらを食事にとり入れてみましょう。

クエン酸が豊富な食品
糖質の吸収を早める！

- 梅干し
- オレンジ
- 酢
- キムチ
- レモン

ビタミンB1が豊富な食品
糖質の分解を助ける！

- 豚肉
- ウナギの蒲焼き
- 豆腐
- 玄米
- 枝豆

抗酸化作用で コンディションを保つ

呼吸でとり込んだ酸素の一部が強い酸化性に変わったものを活性酸素といい、細胞をサビつかせ、生活習慣病を引き起こす要因になるといわれています。激しいスポーツをすると、この活性酸素が多く発生すると考えられています。活性酸素の害を防ぐには、トマトや玉ねぎなど、野菜の色素が持つ抗酸化作用が効果的です。特に疲れた日は、これらの野菜を食べるようにしましょう。

抗酸化作用のある食品

赤い野菜
- トマト
- 赤ピーマン

緑の野菜
- ブロッコリー
- ほうれん草

白い野菜
- 玉ねぎ
- にんにく

ごはんを多めにして主菜や副菜にも糖質を

持久力タイプの選手は、糖質をしっかりととって、エネルギーを作り出すことが重要です。したがって、ごはんやパンといった、糖質メインの主食を多めにとる必要があります。64ページからの持久力アップのレシピでも、ごはんやパンの量を多めにしてあります。

主菜や副菜、汁物は、じゃがいもなどのいも類を使ったものでさらに糖質を摂取したり、糖質の吸収を助けるビタミンB1やクエン酸を含む食品を使ったメニュー、不足しがちな鉄分を補えるメニューを作ったりしましょう。

さらにたっぷりのフルーツとオレンジ100%ジュースを必ずプラスして、果糖からも糖質を摂取します。

トレーニングに合わせて、筋力メニューや瞬発力メニューをとりたいときは、副菜や汁物を置き替えて、それぞれに必要な栄養素をプラスしましょう。

持久力タイプの理想の献立はコレ！

- たっぷりのフルーツで糖質を補給します。
- 主菜は1種類が目安。主食が多い分、量は特に増やさなくてOK。
- ごはんは多めに。170〜190gが理想です（15歳前後の男子の場合）。
- 100%オレンジジュースで糖質を補給します。
- 水分補給ができる汁物は必ずつけましょう。
- 副菜は2種類が目安です。野菜と一緒に糖質をとれるメニューなど。

※年齢別、男女別の総カロリーの調整方法はp.5を参照してください。

お弁当にするなら

- タッパーなどにフルーツの盛り合わせをプラス。
- 大きめのお弁当箱を用意し、主食のごはんをつめます。
- パックの100%オレンジジュースをプラス。
- もうひとつお弁当箱を用意し、半分に主菜を、もう半分に副菜を数品つめます。

主食 エネルギー源になる糖質は主食でとろう！

持久力アップ！

414 kcal 梅しらすおにぎり

鉄分／糖質／カルシウム／お弁当

【材料（2人分）】
ごはん560g／梅干し6個／しらす60g

【作り方】
❶ 梅干しは種をとり、包丁で細かく叩く。
❷ ごはんに❶としらすを加えて混ぜる。
❸ 食べやすい大きさに握る。

One Point Advice
梅に含まれるクエン酸には、炭水化物（糖質）の吸収を助ける働きがあります。また、梅としらすを一緒に食べることで、しらすに含まれるカルシウムの吸収率が高まります。

クエン酸の働きで糖質の吸収力アップ！

491 kcal ハムサンド

鉄分／たんぱく質／カルシウム／糖質／お弁当

【材料（2人分）】
ロールパン4個／スライスチーズ4枚／ハム4枚／レタス4枚／ケチャップ大さじ2

【作り方】
❶ ロールパンに横から切り込みを入れる。
❷ チーズ、ハム、レタスを挟みやすい大きさに切る。
❸ パンに❷とケチャップを挟む。

One Point Advice
糖質をたくさんとるために、ロールパンも甘めのパンをチョイス。チーズを多めにすれば、筋力系のメニューとしても活用できます！

パンとハムを一緒にとればエネルギーになりやすい！

ボンゴレ 470 kcal

【材料（2人分）】
スパゲッティ200g／玉ねぎ60g／えのきたけ40g／マッシュルーム4個／しいたけ1枚／アサリ（むき身）200g／粒コーン（缶詰）20g／オリーブ油適量／にんにく、塩、こしょう各少々／白ワイン1/3カップ

【作り方】
1. 玉ねぎ、にんにくはみじん切りにする。えのきたけは根元を切りおとし、マッシュルームとしいたけは根元を切りおとして薄切りにする。
2. フライパンにオリーブ油を熱し、❶のにんにくを炒める。
3. にんにくの香りが出てきたら、玉ねぎを加えてさらに炒める。
4. ❸にアサリ、マッシュルーム、えのきたけ、粒コーンを加えてさらに炒める。
5. 塩、こしょう、白ワインを加え、ふたをして約5分蒸し煮する。
6. スパゲッティを表示時間通りにゆでて❺に混ぜ、器に盛る。

コーンからも糖質をとってエネルギーを補給しよう！

ナポリタン 552 kcal

【材料（2人分）】
スパゲッティ200g／玉ねぎ100g／ピーマン20g／にんじん40g／にんにく1片／ウインナー60g／トマトの水煮（缶詰）100g／サラダ油適量／ケチャップ大さじ6／塩、こしょう各少々

【作り方】
1. 玉ねぎはくし形に、ピーマン、にんじんは細切り、にんにくはみじん切りにする。ウインナーは輪切りにする。
2. スパゲッティは表示時間通りにゆでる。
3. フライパンに油を熱し、にんにくを香りが出るまで炒める。玉ねぎ、にんじんを加えてさらに炒める。
4. ❸にスパゲッティとウインナー、トマトの水煮を入れて炒め、ケチャップと塩、こしょうで味をととのえる。
5. ❹にピーマンを加えてさっと炒める。

パスタのソースは糖質の吸収を助けるトマトベースできまり！

持久力アップ！

とろろのネバネバが関節を強化し、強い体に！

471 kcal とろろうどん

【材料（2人分）】
うどん2玉／長いも200g／ほうれん草100ｇ／あさつき（小口切り）小さじ1／A《だし汁4カップ／しょうゆ大さじ4／みりん大さじ2》

【作り方】
❶ 長いもはすりおろす。
❷ ほうれん草はゆでて3cm長さに切る。
❸ 鍋にAを入れて火にかけ、つゆを作る。
❹ うどんを表示時間通りにゆでる。
❺ 器に❹を盛り、❸のつゆをかけて❶、❷をのせ、あさつきを散らす。

One Point Advice　とろろのネバネバ成分（ムチン）が、ひじ、腰、足首などの関節痛をやわらげてくれます。

390 kcal おはぎ

【材料（2人分）】
餅米100g／粒あん（市販のもの）100g／塩少々

【作り方】
❶ 餅米をとぎ、約30分以上水に浸けておく。
❷ 炊飯器で餅米を炊く。
❸ 餅米が炊き上がったら、手に塩をつけて握る。
❸ 粒あんで餅米を包む。

One Point Advice　餅米は、精白米よりも早くエネルギーに変わります。体がだるいなと感じたときのエネルギー補給におすすめです。

早く効果を出したいときはエネルギーに変わりやすい餅米！

Chapter 2 競技別レシピ

主食

糖質の吸収を助ける
トマト＋豚肉のパーフェクトライス！

518 kcal タコライス

【材料（2人分）】
ごはん 360g／豚ひき肉 100g／玉ねぎ 100g／にんにく1片／トマト 100g／チーズ 30g／レタス2枚／サラダ油適量／塩、こしょう、酒、砂糖各少々／しょうゆ大さじ2／ケチャップ大さじ4

【作り方】
❶ 玉ねぎは薄切り、にんにくはみじん切り、トマト、チーズは1cm角に切り、レタスは食べやすい大きさに切る。
❷ フライパンに油を熱し、にんにくを入れ、香りが出たら玉ねぎを加えて炒める。ひき肉を加えてさらに炒め、塩、こしょう、酒を入れ、半分量のトマトを加えてさっと炒める。
❸ ❷に、しょうゆ、ケチャップ、砂糖を加えて味をととのえる。
❹ 器に炊いたごはんを盛りつけ、レタスを敷いて、❸とチーズ、残りのトマトをのせる。

503 kcal キムチチャーハン

【材料（2人分）】
ごはん 360g／豚もも薄切り肉 120g／キムチ 60g／にんにく1片／サラダ油適量／塩、こしょう各少々

【作り方】
❶ にんにくはみじん切りにし、豚肉は食べやすい大きさに切る。
❷ フライパンに油を熱し、にんにくを香りが出るまで炒めたら、豚肉を加えてさらに炒める。
❸ ❷に炊いたごはんとキムチを加えてさらに炒め、塩、こしょうで味をととのえる。

One Point Advice
キムチは糖質の吸収力を高めるクエン酸が豊富です。積極的にとりましょう。また、クエン酸には疲労回復効果もあります。

キムチのクエン酸が
持久力アップに効く！

主菜 エネルギーの吸収を助けるメニューをとり入れて!

持久力アップ!

黒酢でエネルギー効率が飛躍的に高まる!

384kcal 鶏の黒酢炒め

【材料（2人分）】
鶏もも肉200g／レンコン80g／パプリカ（赤・黄）各40g／A《しょうゆ小さじ2／酒小さじ2／砂糖少々／しょうが（すりおろし）2片分／サラダ油小さじ2》／片栗粉大さじ4／揚げ油適量／B《黒酢大さじ4／砂糖大さじ3／しょうゆ大さじ1／水大さじ1》

【作り方】
❶ 鶏肉は食べやすい大きさに切って、Aで下味をつける。レンコンは薄切りに、パプリカは1cm角に切る。
❷ 片栗粉を鶏肉とレンコンにまぶし、約180℃の油でカラッと揚げる。
❸ フライパンにBを入れて火にかけ、❷を入れてからめ、パプリカを加えさっと炒める。

One Point Advice 酢を使ったメニューで糖質がエネルギーになりやすくなります。

359kcal 豚のエスニック炒め

【材料（2人分）】
豚ロース薄切り肉200g／パプリカ（赤・黄）各100g／ピーマン40g／にんにく1片／サラダ油適量／塩、こしょう各少々

【作り方】
❶ 豚肉は食べやすい大きさに、パプリカとピーマンは細切りにする。にんにくはみじん切りにする。
❷ フライパンに油を熱し、にんにくを香りが出るまで炒める。
❸ ❷に豚肉を加えて炒め、色が変わったら、パプリカとピーマンを加えてさっと炒める。
❹ 塩、こしょうで味をととのえる。

One Point Advice にんにくが豚肉のビタミンB₁の吸収を高め、疲労回復に効果を発揮します。

豚肉とにんにくが疲労回復に効果的!

鶏のスタミナ炒め 341kcal

食欲がないときは、にらをプラスしてのり切る！

【材料（2人分）】
鶏むね肉 240g ／にら 100g ／にんにくの芽 80g ／もやし 60g ／サラダ油適量／中華だし小さじ4／塩、こしょう各少々

【作り方】
1. 鶏肉は一口大に、にらとにんにくの芽は3cm長さに切る。
2. フライパンに油を熱し、鶏肉を炒める。
3. にんにくの芽、もやし、にらの順に加えてさらに炒め、中華だし、塩、こしょうで味をととのえる。

One Point Advice　食欲増進効果のあるにらと鶏肉は相性抜群！　鶏肉でたんぱく質も補給しましょう。

レバニラ 308kcal

持久力アップに欠かせない鉄分がたっぷり！

【材料（2人分）】
豚レバー 150g ／にら 100g ／にんじん 60g ／もやし 40g ／牛乳適量／A《塩、こしょう各少々／にんにく（すりおろし）2片分／酒大さじ1》／片栗粉少々／サラダ油適量／B《しょうゆ小さじ2／オイスターソース大さじ2／酒大さじ1》

【作り方】
1. レバーはよく水洗いし、15分程度牛乳に浸しておく。その後、水気を軽くきってからAに浸ける。
2. にらは5cm長さに、にんじんは短冊切りにする。
3. 1に片栗粉をまぶして、油を熱したフライパンで炒める。
4. にらともやしを加えてさらによく炒め、Bを加えて味をととのえる。

One Point Advice　スポーツ選手のスタミナ切れは鉄分不足が原因の場合も！　レバーで補いましょう。

持久力アップ！

豚のトマト煮 345kcal

豚肉とトマトの組み合わせで勝てる体を作る！

【材料（2人分）】
豚かたまり肉200g／玉ねぎ200g／マッシュルーム40g／トマト60g／にんにく少々／トマトの水煮（缶詰）200g／サラダ油適量／ケチャップ大さじ2／塩、こしょう、パセリ各少々

【作り方】
❶ 豚肉は食べやすい大きさに切る。玉ねぎと根元を切りおとしたマッシュルームは薄切り、トマトとにんにくは粗めのみじん切りにする。
❷ フライパンに油を熱し、にんにくを色が変わるまで炒める。
❸ ❷に豚肉と玉ねぎ、マッシュルーム、塩、こしょうを加えてさらに炒める。
❹ トマトの水煮とケチャップを加えて弱火～中火でさらに5～10分煮込み、みじん切りにしたトマトを加えてひと煮立ちさせる。
❺ 器に❹を盛り、パセリを添える。

チャプチェ 395kcal

春雨を多めにして炭水化物をたくさんとろう！

【材料（2人分）】
春雨60g／たけのこ60g／にんじん60g／しいたけ2枚／きくらげ4枚／豚もも薄切り肉100g／唐辛子少々／A《にんにく（すりおろし）2片分／砂糖大さじ1／しょうゆ大さじ2》／サラダ油適量／B《コチュジャン、塩、こしょう各少々／砂糖大さじ1／酒大さじ1／しょうゆ大さじ2》／炒りごま（黒）大さじ2

【作り方】
❶ 春雨はゆでて、食べやすい大きさに切る。
❷ たけのこ、にんじん、しいたけ、きくらげはすべて細切りにする。豚肉は食べやすい大きさに切りAに浸ける。唐辛子はみじん切りにする。
❸ フライパンに油を熱し、豚肉を炒める。色が変わったら野菜をすべて加えてさらに炒め、春雨を加える。
❹ ❸にBと唐辛子を加えて炒め、器に盛って炒りごまを振りかける。

70

Chapter 2 競技別レシピ

主菜

おかずからもエネルギーを積極的に摂取しよう！

鉄分／たんぱく質／お弁当

358 kcal チヂミ

【材料（2人分）】
にんじん40g／玉ねぎ100g／にら40g／イカ200g／にんにく1片／A《小麦粉1/2カップ／片栗粉大さじ2／水3/5カップ／卵1個／和風だし少々／塩少々》／ごま油適量／B《コチュジャン小さじ2／ケチャップ小さじ2／オイスターソース少々》

【作り方】
❶ にんじんと玉ねぎ、にんにくはみじん切りに、にらは3cm長さに切る。イカは細切りにする。
❷ ボウルに❶とAをすべて入れてよく混ぜる。
❸ フライパンにごま油を熱し、❷を流し入れて焼く。
❹ Bを混ぜてたれを作る。
❺ ❸に❹をかける。

One Point Advice チヂミにはたくさんの炭水化物が！主食だけでなく主菜もエネルギー源に。

377 kcal マカロニグラタン

【材料（2人分）】
マカロニ40g／玉ねぎ60g／じゃがいも100g／エビ200g／バター小さじ2／塩、こしょう各少々／牛乳1カップ／コンソメ2個／とろけるチーズ40g／パセリ少々

【作り方】
❶ 玉ねぎは薄切り、じゃがいもは3cm角に切る。
❷ マカロニは表示時間通りにゆでる。じゃがいもは柔らかくなるまでゆでる。
❸ フライパンにバターを熱し、玉ねぎ、じゃがいも、エビを炒めて塩、こしょうをする。
❹ ❸にマカロニと牛乳、コンソメを入れて火にかける。
❺ 耐熱皿に❹を入れて、チーズをのせ、220～230℃のオーブンで15～20分焼き、刻んだパセリをのせる。

One Point Advice 糖質をさらにとりたいときは、マカロニとじゃがいもの量を多くしましょう。

たんぱく質／カルシウム

生クリームを使わず牛乳だけで作るのがカギ！

持久力アップ！

324 kcal プルーン牛肉焼き

【材料（2人分）】
牛かたまり肉200g／ほうれん草100g／プルーン200g／サラダ油適量／バター小さじ2／塩、こしょう各少々

【作り方】
① 牛肉は一口大に、ほうれん草は3cm長さに、プルーンは種をとり除いて粗めのみじん切りにする。
② フライパンに油を熱し、牛肉を炒め、ほうれん草、プルーンの順で加えてさらに炒める。
③ バター、塩、こしょうで味をととのえる。

貧血を防いで持久力を上げるスタミナメニュー！

336 kcal サバのおろし和え

【材料（2人分）】
サバ200g／大根200g／塩、こしょう各少々／片栗粉大さじ2／揚げ油適量／めんつゆ大さじ2

【作り方】
① 大根はすりおろしておく。
② サバに塩、こしょうをし、片栗粉をまぶして約180℃の油でカラッと揚げる。
③ ②に①をのせてめんつゆをかける。

One Point Advice 抗酸化作用によって、老化を防ぎます。疲労回復にも効果があります。

青背の魚は抗酸化作用が高い！

主菜に香草をプラスして食欲増進効果を狙おう！

271 kcal サケの香草グリル

【材料（2人分）】
サケ（切り身）200g／A《香草（各種）適量／塩、こしょう各少々》／小麦粉適量／オリーブ油適量／バター小さじ2／レモン適量

【作り方】
① サケにAで下味をつけ、小麦粉をまぶす。
② フライパンにオリーブ油を熱し、バターを加えて①の両面を焼き、火が通ったら器に盛って半月切りにしたレモンを添える。

One Point Advice 香草とはハーブのこと。バジルやタイム、ローズマリー、パセリなどがよいでしょう。

ミラノ風ポークカツ 357 kcal

【材料（2人分）】
豚ロース肉（とんかつ用）200g／塩、こしょう各少々／粉チーズ 30g／パン粉、小麦粉、溶き卵各適量／揚げ油適量／パセリ少々／レモン適量

【作り方】
❶ 刻んだパセリ、粉チーズをパン粉に混ぜる。
❷ 塩、こしょうをした豚肉に、小麦粉、卵、❶の順で衣をつける。
❸ ❷を約180℃の油でカラッと揚げ、パセリ、くし形に切ったレモンを添える。

パン粉に抗酸化作用のあるパセリをプラス！

レバーカツ 301 kcal

【材料（2人分）】
豚レバー 200g／牛乳大さじ2／小麦粉、溶き卵、パン粉各適量／揚げ油適量／キャベツ 50g／かいわれ 10g／ミニトマト2個／レモン適量

【作り方】
❶ レバーはよく洗い、牛乳につけておく。かいわれは根元を切りおとし、食べやすい大きさに切る。
❷ ❶に小麦粉、卵、パン粉の順で衣をつけ、串に刺して約180℃の油でカラッと揚げる。キャベツのせん切り、かいわれ、ミニトマト、くし形に切ったレモンを添える。

豚のレバーに鉄分が多く含まれる！

牛すき煮 396 kcal

【材料（2人分）】
牛ロース薄切り肉 200g／しらたき 60g／白菜 80g／豆腐（木綿）100g／長ねぎ 60g／絹さや 10枚／和風だし小さじ2／水4カップ／A《酒、しょうゆ、砂糖、各大さじ4》

【作り方】
❶ 牛肉、しらたき、白菜、豆腐はそれぞれ食べやすい大きさに切る。長ねぎは斜め薄切りに、絹さやはせん切りにする。
❷ 鍋にだしと水、Aを入れて、❶の絹さや以外を加えて材料が柔らかくなるまで煮る。
❸ 器に❷を盛り、絹さやをのせる。

鉄分を含む牛肉たっぷり！

持久力アップ！

374kcal とろろかけ焼肉

【材料（2人分）】
牛ロース肉200g／長いも100g／にんにく（薄切り）2片分／あさつき（小口切り）小さじ2／サラダ油適量／塩、粗びきこしょう各少々／めんつゆ大さじ2

【作り方】
❶ 長いもはすりおろす。牛肉は一口大に切る。
❷ フライパンに油を熱し、にんにくを炒めて、色が変わってきたら牛肉を加えて焼く。肉に火が通ったら、塩、粗びきこしょうで味をととのえる。
❸ 器に❷を盛り、すりおろしたとろろとあさつき、めんつゆをよく混ぜて上からかける。

ネバネバ成分が関節を強くする！

370kcal しょうが焼き

【材料（2人分）】
豚ロース薄切り肉200g／玉ねぎ200g／A《しょうが（すりおろし）2片分／酒大さじ4／しょうゆ大さじ4》／サラダ油適量／ミニトマト4個

【作り方】
❶ 豚肉は食べやすい大きさに切り、玉ねぎは薄切りにする。
❷ 豚肉をAに浸けて下味をつける。
❸ フライパンに油を熱し、❷のたれごと豚肉を加えて玉ねぎと一緒に炒める。火が通ったら器に盛り、ミニトマトを添える。

疲労回復には豚肉＋しょうがが効く！

326kcal 豚のいんげん巻き

【材料（2人分）】
豚ロース薄切り肉200g／いんげん60g／唐辛子適量／塩、こしょう各少々／粒こしょう（白）小さじ1／サラダ油適量

【作り方】
❶ いんげんはゆでて、唐辛子はみじん切りにする。
❷ 塩、こしょうをした豚肉でいんげんを巻き、2cm幅に切って、それぞれ粒こしょうを表に振る。
❸ フライパンに油を熱し、にんにく、唐辛子を炒め、香りが出たら❷を両面焼く。

ピリ辛仕上げで食がすすむ！

煮魚（サンマ） 384 kcal

【材料（2人分）】
サンマ2尾／しょうが½片／大根200g／A《しょうゆ大さじ2、酒大さじ1、砂糖大さじ1、みりん大さじ2、水½カップ》

【作り方】
1. しょうがは半分をせん切りにし、半分はすりおろす。大根は食べやすい大きさに切る。
2. サンマは内臓をとり出しよく洗い、うろこはこそげ、皮に切り込みを入れる。
3. 鍋にAとせん切りにしたしょうがを入れて、ひと煮立ちさせ、❷と大根を加えて落しぶたをし、弱火で約20分煮る。器に盛り、すりおろしたしょうがをのせる。

抗酸化作用で細胞の老化を防止、疲労物質を除去しよう！

卵と春雨の炒め物 328 kcal

【材料（2人分）】
卵3個／春雨60g／いんげん60g／サラダ油適量／塩、こしょう各少々／中華だし小さじ2／炒りごま（白）大さじ2

【作り方】
1. 春雨はゆでて食べやすい大きさに切る。
2. いんげんは小口切りにし、卵は割りほぐす。
3. フライパンに油を熱し、いんげんと春雨を炒め、塩、こしょう、中華だしを加える。
4. ❸に卵を加え、かき混ぜながら炒め、最後に炒りごまを加えて和える。

卵が筋肉を作り、春雨でエネルギーを補給！

ポテトオムレツ 205 kcal

【材料（2人分）】
卵3個／じゃがいも100g／塩、こしょう各少々／牛乳¼カップ／サラダ油適量／パセリ少々

【作り方】
1. じゃがいもは薄切りにし、水にさらす。
2. ボウルに卵を割りほぐし、塩、こしょう、牛乳を加えてよく混ぜる。
3. フライパンに油を熱し、じゃがいもを色が変わるまで炒める。さらに❷を加えてよく混ぜ合わせ、半熟程度で火を止めて器に盛りつけ、パセリを飾る。

じゃがいものビタミンCは火にかけても壊れない！

副菜 糖質（炭水化物）の吸収を助ける栄養素をとろう！

持久力アップ！

じゃがいもから糖質とビタミンCを摂取しよう！

154 kcal 肉じゃが

【材料（2人分）】
豚もも薄切り肉60g／じゃがいも100g／にんじん40g／玉ねぎ40g／あさつき（小口切り）小さじ2／サラダ油適量／水適量／A《しょうゆ大さじ2／砂糖小さじ2／酒小さじ2／みりん小さじ2》

【作り方】
❶ 豚肉、じゃがいも、にんじんは食べやすい大きさに切る。玉ねぎは薄切りにする。
❷ 鍋に油を熱し豚肉を炒めて、さらに玉ねぎを加えて透き通るまで炒める。
❸ ❷ににんじん、じゃがいもを加えてさっと炒めたら、材料がひたひたになるくらいに水を加え、弱火〜中火で材料が柔らかくなるまで煮る。途中アクをとる。
❹ Aを加えてさらに約10分煮たら火を止め、器に盛ってあさつきをのせる。

108 kcal ポテトとハムの炒め物

【材料（2人分）】
じゃがいも100g／ハム2枚／キャベツ60g／サラダ油適量／塩、こしょう各少々

【作り方】
❶ じゃがいもはいちょう切りにし、ハムとキャベツは小さめに切る。
❷ フライパンに油を熱し、じゃがいもを炒める。火が通ったらキャベツとハムを加えてさらに炒め、塩、こしょうで味をととのえる。

One Point Advice
ハムのビタミンB1が炭水化物の吸収を補助！ 体の動きにキレが出るようになります。さらに、じゃがいもにはビタミンCも豊富。かぜ予防にも効果があります！

エネルギーになりやすい理想的な組み合わせ！

76

Chapter 2 競技別レシピ

94 kcal かぼちゃのごま焼き

ビタミンC / お弁当

ミネラル豊富なごまはスポーツ選手に欠かせない！

【材料（2人分）】
かぼちゃ 160g／牛乳小さじ4／塩少々／炒りごま（黒）大さじ1

【作り方】
① かぼちゃは1cm角に切り、皮のまま柔らかくなるまでゆで、熱いうちにつぶす。
② ①に牛乳、塩、炒りごまを加えてよく混ぜる。
③ ②をアルミ箔に入れ、オーブントースターで焼き色がつくまで焼く。

One Point Advice
ごまの豊富なミネラルで体の調子をとのえましょう。かぼちゃには抗酸化作用もあります。

副菜

96 kcal 合鴨のカルパッチョ

お弁当

持久系スポーツに必須のビタミンB群がいっぱい！

【材料（2人分）】
合鴨スライス肉6枚／紫玉ねぎ20g／水菜40g／レタス4枚／ミニトマト4個／A《オリーブ油小さじ1／塩、こしょう各少々／レモン汁少々》

【作り方】
① 紫玉ねぎは薄切り、水菜は3cm長さにし、レタスは食べやすい大きさにちぎる。
② 器に①と合鴨肉をのせ、よく混ぜたAをかける。最後にミニトマトを添える。

One Point Advice
合鴨は、エネルギー代謝をサポートするビタミンB1や、ビタミンB12が豊富です。トマトには炭水化物の吸収を助けるクエン酸が含まれます。

持久力アップ！

100 kcal シーザーサラダ

【材料（2人分）】
ベビーリーフ40g／ミニトマト6個／クルトン適量／パルメザンチーズ大さじ2／A《オリーブ油小さじ1／レモン汁適量／塩、こしょう、ガーリックパウダー各少々／プレーンヨーグルト大さじ2／マヨネーズ大さじ1》

【作り方】
1. ミニトマトはくし型に切る。Aを混ぜてドレッシングを作る。
2. 器にベビーリーフ、ミニトマトを盛りつけ、クルトンを散らしてドレッシングをかけたら、その上にパルメザンチーズをかける。

抗酸化作用のあるトマトを多めに入れるとグッド！

94 kcal 黒豆サラダ

【材料（2人分）】
黒豆（甘煮）100g／ラディッシュ4個／かいわれ40g／ノンオイルドレッシング20g

【作り方】
1. 黒豆は汁気をきっておく。ラディッシュは薄切りにし、かいわれは根元を切りおとす。
2. ①をノンオイルドレッシングで和えて器に盛る。

One Point Advice 黒豆の黒さの源になっている物質は、アントシアニンという色素。血液がサラサラになります。

黒豆のアントシアニン色素が血液をサラサラに！

98 kcal さつまいもサラダ

【材料（2人分）】
さつまいも80g／セロリ20g／サニーレタス2枚／レーズン10g／マヨネーズ大さじ1／プレーンヨーグルト大さじ1／塩、こしょう各少々

【作り方】
1. さつまいもは1cm角のサイコロ状に、セロリは薄切りにする。レタスは食べやすい大きさにちぎる。
2. さつまいもを柔らかくゆでる。
3. ②にセロリ、レーズンを加えて、マヨネーズ、プレーンヨーグルトで和える。塩、こしょうで味をととのえる。
4. 器にレタスを敷き、③を盛る。

持久系の人はいも類をどんどん食べよう！

いんげんのピーナッツ和え

209 kcal

【材料（2人分）】
いんげん100g／A《ピーナッツ（粉）大さじ4／炒りごま（白）大さじ2／砂糖少々／しょうゆ小さじ1》

【作り方】
❶ いんげんはゆでて3cm長さに切る。
❷ Aと❶を和える。

One Point Advice　ごまとピーナッツには、抗酸化作用の高いビタミンEがたくさん入っています。

ごま&ピーナッツのビタミンEで細胞の老化を予防！

マグロアボカド和え

167 kcal

【材料（2人分）】
マグロ100g／アボカド60g／トマト100g／サラダ菜2枚／A《しょうゆ大さじ2／レモン汁少々／だし汁大さじ4／塩少々》

【作り方】
❶ マグロ、アボカド、トマトは1cm角のサイコロ状に切る。
❷ ボウルに❶を入れ、Aを加えてよく和える。
❸ 器にサラダ菜を敷き、❷をのせる。

「森のバター」アボカドでビタミンC、Eを補給！

ナムル

126 kcal

【材料（2人分）】
ほうれん草100g／にんじん60g／もやし60g／塩少々／ごま油小さじ2／すりごま（白）大さじ1／炒りごま（白）大さじ1

【作り方】
❶ ほうれん草はゆでて、3cm長さに切る。にんじんはせん切り、もやしはそのままでそれぞれゆでる。
❷ 塩、ごま油、すりごまを混ぜ、ほうれん草、にんじん、もやしにそれぞれ和え、炒りごまを振る。

ほうれん草とごまから鉄分をたくさんとり入れて！

持久力アップ！

湯葉と青菜のポン酢和え
90 kcal

湯葉を多めにすれば筋力系にもおすすめ！
お弁当

【材料（2人分）】
湯葉60g／青菜60g／にんじん40g／カツオ節2g／ポン酢大さじ2

【作り方】
1. 湯葉は食べやすい大きさに切る。にんじんはせん切りにしてゆでる。青菜はゆでて水気をしぼり、3cm長さに切る。
2. ①にカツオ節、ポン酢を加えてよく混ぜる。

One Point Advice　湯葉はたんぱく質が豊富な食材のひとつ。筋力系の選手にもおすすめ。

ネバネバ和え
43 kcal

【材料（2人分）】
オクラ8本／にんじん20g／長いも20g／ワカメ（塩蔵）10g／なめこ20g／めかぶ10g／和風だし小さじ2／和風ドレッシング大さじ1 1/3

【作り方】
1. オクラは輪切りに、にんじんはせん切りに、長いもは拍子切り、ワカメは塩を振りおとし、10分ほど水に浸したあと水洗いして食べやすい大きさに切る。なめこは水洗いする。
2. ①にめかぶを加え、和風だしと和風ドレッシングでよく和える。

関節を強化するネバネバ食材をチェック！

ひじき煮
92 kcal

鉄分　カルシウム　お弁当

【材料（2人分）】
ひじき20g／大豆（水煮）100g／にんじん40g／こんにゃく20g／A《酒大さじ1／しょうゆ大さじ2／砂糖小さじ2／みりん少々》／炒りごま（白）大さじ1

【作り方】
1. ひじきはさっと水洗いし、大豆は汁気をきっておく。
2. にんじん、こんにゃくは1cm角に切る。
3. 鍋に①と②を入れ、Aを加えて煮立てる。
4. 水気がなくなったら、器に盛って炒りごまを振る。

鉄分豊富なひじきにごまを足してパワーアップ！

Chapter 2 競技別レシピ

副菜

🏅113kcal サーモンマリネ

【材料（2人分）】
サケ（刺身用切り身）100g／ホタテ（刺身用）60g／パプリカ（赤・黄）40g／サニーレタス2枚／レモン汁少々／酢小さじ2／めんつゆ大さじ2

【作り方】
1. サケ、ホタテは薄切りに、パプリカは細切りにする。サニーレタスは手で食べやすい大きさにちぎる。
2. サケ、ホタテ、パプリカにレモン汁、酢、めんつゆを混ぜたものを加えてよく和える。
3. 器にサニーレタスを敷き、❷を盛る。

（ビタミンC）

サケ+酢でサビない体を作る！

🏅39kcal きゅうりの旨辛

水分と塩分を同時に補給できるバランス食 / お弁当

【材料（2人分）】
きゅうり100g／玉ねぎ40g／A《唐辛子少々／粗びきこしょう少々／みりん大さじ½／塩、砂糖各少々》

【作り方】
1. きゅうりはたたいて拍子切りにし、玉ねぎは薄切り、唐辛子はせん切りにする。
2. Aに❶を漬けて冷蔵庫で30分以上冷やす。

One Point Advice　きゅうりはほとんどが水分です。水分補給をする気持ちで食べましょう。

🏅28kcal 磯辺和え

【材料（2人分）】
ほうれん草200g／刻みのり2g／しょうゆ小さじ2

【作り方】
1. ほうれん草はゆでて水気をしぼり、5cm長さに切る。
2. ❶をしょうゆで和え、のりを加える。

One Point Advice　のりはミネラルたっぷりの健康食材です。しかもカロリーゼロだから体重が気になる選手も安心。

（鉄分）（ビタミンC）（お弁当）

カロリーゼロの「のり」からミネラルをたくさんとって！

汁物　汁物からも積極的に栄養を補おう！

持久力アップ！

鉄分を多く含む
アサリをたっぷり使って！

鉄分

18 kcal　アサリ汁

【材料（2人分）】
アサリ（殻つき）60g ／あさつき（小口切り）小さじ1／水2カップ／和風だし小さじ2／みそ大さじ2

【作り方】
① アサリは塩水に浸けて砂出しをし、よく洗って水気をきる。
② 鍋に水、和風だし、アサリを入れて口が開くまで煮る。途中アクをとる。
③ みそを溶き入れ、火を止めてあさつきを散らす。

One Point Advice　貧血を防ぐ効果のある、鉄分豊富なアサリは、たっぷり使いましょう。鉄分には肝機能を改善してくれる作用もあります。

47 kcal　そうめん入り ネバネバ汁

【材料（2人分）】
そうめん20g ／オクラ4本／水2カップ／A《だし汁4カップ／しょうゆ大さじ4／みりん大さじ2》／塩少々

【作り方】
① オクラは小口切りにし、そうめんは表示時間よりも少し短めにゆでておく。
② 鍋に水、Aを入れて火にかけ、沸騰したら弱火にしてオクラとそうめんを加えて2～3分煮る。
③ 火を止め、塩で味をととのえて器に盛る。

One Point Advice　食欲がないときは、そうめんなど食べやすいものから炭水化物をとりましょう。

細い麺で消化がよいから
食欲がないときにぴったり！

93 kcal 雑煮汁

すぐに体を動かしたいときは お餅のパワーが効く!

【材料（2人分）】
スライス餅60g／大根40g／にんじん20g／レンコン40g／白菜40g／水2カップ／和風だし小さじ2／塩少々

【作り方】
1. 大根、にんじんは細切り、レンコンは食べやすい大きさに切る。白菜は一口大に切る。
2. 鍋に水とだしを入れて火にかけ、大根、にんじん、レンコンが柔らかくなるまで煮る。
3. 野菜が柔らかくなったら、白菜を加えて2～3分煮る。
4. 餅を加え、塩で味をととのえる。

One Point Advice 餅は精白米よりもエネルギーに変わりやすい性質があります。体がだるいときや、すぐにエネルギーに変えたいときに効きます。

88 kcal ワンタンスープ

豚のひき肉を使えば糖質の吸収率アップ!

【材料（2人分）】
ワンタン4枚／豚ひき肉40g／かいわれ20g／水2カップ／中華だし小さじ2／塩、こしょう各少々

【作り方】
1. かいわれは根元を切りおとし、食べやすい大きさに切る。
2. 鍋に水を入れて火にかけ、沸騰したら中火にし、ひき肉を固まらないように加える。さらに中華だし、塩、こしょうを加えて3～5分煮る。
3. ワンタンを加え、ひと煮立ちしたら火を止めて器に盛る。
4. かいわれをのせる。

One Point Advice 豚肉のビタミンB1効果で、ワンタンの糖質がエネルギーに変わりやすい!

持久力アップ！

スパイシーなカレーで食欲増進効果を狙って！

71 kcal ポテトカレースープ

【材料（2人分）】
じゃがいも60g／なす60g／オリーブ油適量／水2カップ／カレールウ10g

【作り方】
① じゃがいもは一口大に切り、なすは1cm幅の輪切りにする。
② 鍋にオリーブ油を熱し、①をさっと炒めたあと、水を加えて野菜が柔らかくなるまで煮る。
③ カレールウを加え、3～5分煮る。

One Point Advice じゃがいもから糖質をたくさんとって、エネルギーを蓄えましょう。カレーを使えば、胃腸が刺激されて食欲がアップします！

69 kcal 豆乳キャロットスープ

【材料（2人分）】
豆乳1カップ／にんじん100g／水1カップ／コンソメ2個／塩、こしょう各少々／クルトン適量

【作り方】
① にんじんは皮をむいてすりおろす。
② 鍋に豆乳、水、コンソメ、①を入れ、沸騰したら弱火で数分煮る。
③ 塩、こしょうで味をととのえ、器に盛り、クルトンをのせる。

One Point Advice にんじんにも炭水化物がたくさん。持久力系にぴったりのスープです！

鉄分豊富な豆乳を使ったおなかに優しいスープ

Chapter 2 競技別レシピ

コーンたっぷりにして エネルギーを補給しよう

カルシウム

92 kcal コーンスープ

【材料（2人分）】
牛乳1カップ／粒コーン（缶詰）20g／クリームコーン（缶詰）40g／コンソメ小さじ2／塩、こしょう各少々／パセリ少々

【作り方】
❶ 鍋に牛乳、粒コーン、クリームコーンを入れて火にかけ、沸騰したらコンソメを加えて弱火で約3分煮る。
❷ 仕上げに塩、こしょうで味をととのえ、刻んだパセリを散らす。

One Point Advice
コーンにも炭水化物がたくさん含まれています。牛乳だけで作ることで栄養価がアップするので、成長期の子どもにぴったりです。

汁物

44 kcal ビーフンスープ

【材料（2人分）】
ビーフン20g／にんじん20g／しいたけ2枚／長ねぎ20g／水2カップ／中華だし小さじ2／塩、こしょう各少々

【作り方】
❶ ビーフンは湯でもどし、にんじんは細切りにする。しいたけは薄切り、長ねぎは斜め薄切りにする。
❷ 鍋に水、中華だし、にんじん、しいたけを入れて材料が柔らかくなるまで煮る。
❸ ビーフンを加えてさらに数分煮込んだら、塩、こしょうで味をととのえる。
❹ 器に盛り、長ねぎを加える。

One Point Advice
ビーフンは米粉100％のものがベスト。うどんやパスタよりも脂肪になりにくいのでおすすめです。緑黄色野菜をたっぷり入れれば、栄養バランスのよいメニューに！

緑黄色野菜を使って バランスよく仕上げて！

85

> たんぱく質・糖質と
> ミネラルがポイント！

瞬発力系競技タイプの食事法

高い反射神経が必要な瞬発力系競技は、スピードや技術だけでなく、筋力・持久力をトータルで鍛えることが必要です。食事では、パワー源やエネルギー源だけでなく、しなやかな筋肉の動きを作るミネラルが重要になります。

しなやかに動く筋肉

試合や練習での集中力

＋

↓

瞬発力に必要なのはバランスのとれた力！

バランスのよい競技力が求められる

瞬発力系競技には、柔道などの格闘技、球技、短距離走などが該当します。それぞれ特徴の違う競技ですが、球技では瞬間的に敵や味方、ボールに反応するときに、格闘技では技をかけるときに、短距離走などでは、瞬間的にスピードを出すときに瞬発力が必要になります。共通して求められるのはキレのよい動きです。

瞬発力系競技には、スピードを鍛えるインターバルトレーニングや、ボールを扱ったり、技をかけたりという技術練習が必要です。こうしたトレーニング時に、筋肉の収縮を促す食事をとることが、瞬発力系競技の食事のポイントです。

ただし、瞬発力の基盤には筋力が必要です。筋力系競技の選手のような太い筋肉は必要ありませんが、機敏な動きには、強くてしなやかな筋肉が不可欠です。

また、特に球技では、長時間の試合でひとつひとつの瞬間的な技をつなげるための持久力も必要になります。技の動きを体に覚えさせるには、トレーニングへの集中力も必要です。このように、瞬発力系競技には、瞬発力だけでなく、筋力や持久力もパフォーマンスに大きくかかわってきます。それらの力をバランスよく保つことも重要なポイントです。

基本はやっぱり たんぱく質＋糖質

筋力系ではたんぱく質を、持久力系では糖質を特に重視していましたが、瞬発力系では、たんぱく質と（35ページ参照）糖質（61ページ参照）の両方をバランスよく摂取することが求められます。

瞬発力が必要とされる動きは、そのおおもとに筋力が必要な場合が多く、筋肉を作るたんぱく質は欠かせません。また、同時に長時間試合を続けるための持久力や、集中力が必要になる場合が多く、糖質も必要不可欠なのです。

コンディションを保つ カルシウム

瞬発力系競技の選手にとって、コンディションを保つミネラルも、たんぱく質や糖質と同じくらいしっかりととりたい栄養素です。

ミネラルのひとつ、カルシウムには、骨を作る働きだけでなく、神経系の伝達や筋肉の収縮に使用されるという役割があります。カルシウムが不足すると、足がけいれんしてつりやすくなることがあります。これは、カルシウムが筋肉の収縮に関係しているため。カルシウム不足により、動きにキレがなくなってしまうのです。また、試合中にイライラしやすくなる、冷静な判断ができなくなる、集中力が低下するといったように、精神面にも影響が出てきます。

カルシウムは、吸収されにくい栄養素ですが、牛乳などの乳製品をこまめにとったり、料理にごまや干しエビ・桜エビをプラスしたりと工夫して、不足しないよう心がけましょう。

カルシウムを豊富に含む食品

- 牛乳
- 干しエビ、桜エビ
- チーズ
- 水菜
- ほうれん草
- ひじき

カルシウム摂取のコツ

乳製品で効率よく

カルシウムは、食品によって吸収率に差があります。吸収率の高い牛乳やヨーグルトを毎日とるようにしましょう。

インスタント食品はNG!

インスタント食品や炭酸飲料に含まれるリンは、カルシウムの吸収を妨げます。なるべく控えましょう。

キレのよい動きを作るマグネシウム

マグネシウムは、玄米や大豆製品、ナッツなどの種実、海藻などに多く含まれています。これらの食品を積極的にとるようにしましょう。ごはんを玄米入りにするだけでもマグネシウムの摂取量は高まります。海藻はノンカロリーで食べすぎる心配もなく、乾燥ワカメなどは保存も効くので常備しておくと便利です。

カルシウムとマグネシウムは、それぞれが筋肉の収縮と弛緩に関係しています。したがって、両方をバランスよくとることが、スピードのある動きを生み出すためのポイントです。

カルシウムと同じように、瞬発力系競技の選手がとりたいミネラルがマグネシウムです。マグネシウムには体のコンディションをととのえる働きがあり、筋肉の収縮にも関係しています。マグネシウムが足りないと、なんとなく体が重く感じたり、筋肉痛やけいれんを起こしやすくなったりします。

マグネシウムを豊富に含む食品

- アーモンド、ナッツ
- 干しエビ、桜エビ
- 納豆
- ワカメ
- 玄米

マグネシウム摂取のコツ

水は硬水

マグネシウムが多く含まれる硬水のミネラルウォーターから水分補給をするのがおすすめです。調理に硬水を使ってもOK。

食事にはごまをプラス

ごまにはマグネシウムが含まれています。ごはんやおかずにごまを振ると、簡単にマグネシウムを摂取することができます。

疲労回復に効果のあるアミノ酸食品

トレーニングをすると、筋肉に疲労物質がたまります。コンディションを保つためには、これを素早く回復させなければなりません。疲労回復に有効なのはアミノ酸です。特にバリン、ロイシン、イソロイシンという3種類のアミノ酸（BCAA）を含む食品には、疲れをとり、筋肉を修復してくれる効果があります。

アミノ酸（BCAA）を豊富に含む食品

- 卵
- 大豆
- 牛乳
- マグロ
- チーズ
- レバー

主食、主菜はバランスよく副菜でミネラルを！

瞬発力系競技の選手は、まず主食と主菜をバランスよくとることがポイントです。スポーツをするときに欠かせない、たんぱく質と糖質を摂取します。

副菜や汁物もしっかりと。ミネラルやビタミンなど、コンディションを保つための栄養素を補給しやすい副菜、汁物は、瞬発力系競技の選手には特に重要です。これらの料理には、ごまや干しエビ・桜エビなどをプラスしましょう。ミネラルの摂取量を増やすことができます。

さらに、ヨーグルトと牛乳をプラスして、カルシウムを補います。マグネシウムがとれる豆乳もおすすめです。

筋力トレーニングを行うときは、副菜や汁物を筋力系のメニューに替えて、たんぱく質の摂取量を増やします。走り込みを行うときは、同様に副菜や汁物を持久力系メニューに替えると、トレーニングの効果を高めることができます。

瞬発力タイプの理想の献立はコレ！

- 牛乳でカルシウムを補給。豆乳に替えてもOK。
- 汁物で水分補給を。海藻などミネラル豊富な食材を具にするのが◎。
- ヨーグルトでカルシウムを補給します。
- 副菜は2〜3種類が目安です。ミネラルが豊富なものを。
- ごはんの量は140gが目安です（15歳前後の男子の場合）。
- 主菜は1種類が目安。アミノ酸（BCAA）を含む食品がおすすめです。

※年齢別、男女別の総カロリーの調整方法はp.5を参照してください。

お弁当にするなら

- パックの牛乳、または豆乳をプラス。
- ヨーグルトをプラス。
- 副菜をさらに1品加えられるとベスト。
- お弁当箱を用意し、主食のごはんをつめます。
- もうひとつお弁当箱を用意し、半分に主菜を、もう半分に副菜を数品つめます。

主食 炭水化物にミネラル食材をプラス！

瞬発力アップ！

415 kcal ベジタブルチャーハン

【材料（2人分）】
ごはん 300g／豚もも薄切り肉 100g／ピーマン 50g／パプリカ（赤・黄）各 20g／セロリ 20g／にんにく1片／サラダ油適量／塩、こしょう各少々／中華だし小さじ2／桜エビ 10g／炒りごま（白）大さじ2

【作り方】
1. ピーマン、パプリカはせん切りに、セロリとにんにくは薄切り、豚肉は食べやすい大きさに切る。
2. フライパンに油を熱し、豚肉とにんにくを加えて色が変わるまで炒める。
3. ❷にごはんと野菜すべてを加えてさらに炒め、塩、こしょうと中華だしで味をととのえる。
4. 桜エビと炒りごまをかけていただく。

ミネラル&ビタミンが含まれた野菜たっぷりチャーハン

508 kcal ごま入りチキンライス

【材料（2人分）】
ごはん 280g／鶏むね肉 100g／玉ねぎ 100g／炒りごま（白）大さじ4／サラダ油適量／塩、こしょう各少々／ケチャップ大さじ4

【作り方】
1. 鶏肉は一口大に、玉ねぎは薄切りにする。
2. フライパンに油を熱し、❶を炒めて塩、こしょう、ケチャップで味をととのえ、ごはんを加えてさっくりと混ぜ合わせる。仕上げに炒りごまを振る。

One Point Advice ごまはミネラルがたっぷり含まれた、瞬発力強化には欠かせない食材です。

ミネラルたっぷりのごまをたくさん振りかけてどうぞ！

243 kcal 海鮮雑炊

低エネルギーの主食だから体脂肪を気にする人にも最適！

鉄分

【材料（2人分）】
ごはん200g／シーフードミックス（冷凍）160g／アサリ（殻つき）10個／長ねぎ20g／水3カップ／和風だし小さじ4／しょうゆ少々

【作り方】
❶ アサリは砂出しし、長ねぎは斜め薄切りにする。
❷ 鍋に水を入れて火にかけ、沸騰したら解凍したシーフードミックスとアサリを加える。
❸ アサリの口が開き、魚介類に火が通ったらごはんを加え、和風だしとしょうゆで味をととのえる。長ねぎを散らす。

One Point Advice 疲労回復効果のあるタウリンが含まれている魚介類。集中力アップにも◎。

510 kcal うな玉丼

鉄分　たんぱく質　カルシウム　お弁当

たんぱく質と炭水化物をバランスよく食べられる！

【材料（2人分）】
ごはん280g／ウナギ120g／卵2個／あさつき（小口切り）小さじ2／だし汁½カップ／酒大さじ2／蒲焼きのタレ適量

【作り方】
❶ ウナギは細切りにする。
❷ フライパンにウナギとだし汁、酒、蒲焼きのタレを入れてさっと煮る。
❸ ❷に割りほぐした卵を加え、半熟状になったら、器に盛ったごはんにかける。仕上げにあさつきを散らす。

One Point Advice ウナギと卵のたんぱく質は、エネルギー源の米と一緒に食べると◎。

375 kcal 胚芽サンド

瞬発力アップ！

胚芽と豚カツのビタミンで体のキレをアップさせる！

【材料（2人分）】
胚芽パン2枚／レタス2枚／かいわれ20g／豚ヒレ肉100g／塩、こしょう各少々／小麦粉、溶き卵、パン粉各適量／揚げ油適量／ケチャップ大さじ2

【作り方】
❶ パンは表面を軽く焼き、半分に切る。かいわれは根元を切りおとし、食べやすい大きさに切る。
❷ 豚肉は塩、こしょうして、小麦粉、卵、パン粉の順に衣をつけ、約180℃の油でカラッと揚げる。
❸ ❶のパンにレタスと❷、かいわれをのせ、ケチャップをかけてはさむ。

One Point Advice 胚芽パンはビタミンが豊富。食感もよくて食べやすいのでおすすめです。

373 kcal スープスパゲッティ

少なめの量でも満足できるスープタイプのスパゲッティ

【材料（2人分）】
スパゲッティ100g／ほうれん草100g／枝豆（冷凍）40g／粒コーン（缶詰）40g／牛乳2カップ／水1カップ／コンソメだし小さじ2／塩、こしょう各少々

【作り方】
❶ スパゲッティは表示時間通りにゆでる。
❷ ほうれん草はゆでて3cm長さに切る。枝豆は解凍してさやから出す。
❸ 鍋に牛乳と水、コンソメを入れて火にかける。
❹ 沸騰したら❶とコーン、枝豆を加え、塩、こしょうで味をととのえる。最後にほうれん草を加え、ひと煮立ちさせる。

One Point Advice スープタイプは普通のものより満足感アップ。体脂肪が気になる人に。

Chapter 2 競技別レシピ 主食

ミネラル豊富なワカメを主食でもたっぷりと！

カルシウム

319 kcal 海藻そうめん

【材料（2人分）】
そうめん400g／長ねぎ20g／ワカメ（塩蔵）30g／すりごま大さじ2／A《だし汁5カップ／しょうゆ大さじ5／みりん大さじ2》

【作り方】
1. 長ねぎは斜め薄切りにする。ワカメは塩を振りおとし、10分ほど水に浸けたあと水洗いして食べやすい大きさに切る。
2. 鍋にAを入れて火にかけ、つゆを作る。
3. そうめんを表示時間通りゆでる。
4. 器に3を盛って2をかけ、ワカメ、長ねぎをのせてすりごまをかける。

One Point Advice カロリーゼロの海藻は、ビタミン剤替わりに積極的にとりましょう。

450 kcal 塩焼きそば

たんぱく質　ビタミンC　糖質　お弁当

【材料（2人分）】
中華麺2玉／玉ねぎ60g／たけのこ60g／にんじん10g／キャベツ60g／もやし40g／むきエビ100g／サラダ油適量／塩、こしょう各少々／酒大さじ2／鶏ガラスープ少々

【作り方】
1. 玉ねぎは薄切りに、たけのこ、にんじんはせん切りに、キャベツは一口大に切る。
2. フライパンに油を熱し、野菜とエビを炒める。
3. 700Wの電子レンジで約30秒加熱した中華麺を2に加えてさらに炒め、塩、こしょうと酒、鶏ガラスープで味をととのえる。

One Point Advice エビは疲労回復にも効果のある食材です。野菜からミネラルもとれます。

疲れた日にはさっぱり塩味の疲労回復効果のあるメニューで

主菜 アミノ酸食材にビタミン、ミネラルをプラス！

瞬発力アップ！

441kcal ミートボールグラタン風

鉄分／たんぱく質／カルシウム

【材料（2人分）】
豚ひき肉160g／玉ねぎ60g／溶き卵40g／牛乳大さじ2／パン粉少々／塩、こしょう各少々／アスパラガス60g／とろけるチーズ30g／A《牛乳2カップ／コンソメ小さじ2／塩、こしょう各少々》

【作り方】
1. アスパラガスは3cm長さの斜め切りにしてゆでる。
2. ボウルにみじん切りにした玉ねぎとひき肉、卵、牛乳、パン粉、塩、こしょうを加えてよく練る。
3. 鍋にAを入れて火にかけ、沸騰したら②をボール状に丸めながらおとし入れる。
4. よく火が通ったら、アスパラととろけるチーズを加えてさっと火を通す。

One Point Advice 牛乳、チーズは料理にもとり入れて、積極的に食べましょう。

瞬発力アップには欠かせない、牛乳とチーズのメニュー

420kcal 牛肉のエスニック風

鉄分／ビタミンC／カルシウム／お弁当

【材料（2人分）】
牛ロース薄切り肉200g／なす80g／パプリカ（赤・黄）各40g／オリーブ油適量／塩、こしょう各少々／中華だし小さじ2／すりごま（黒）大さじ2

【作り方】
1. 牛肉、なす、パプリカはそれぞれ食べやすい大きさに切る。
2. フライパンにオリーブ油を熱し、なすとパプリカをさっと炒める。
3. ②に牛肉を加えてさらに炒め、塩、こしょう、中華だしで味をととのえ、すりごまを加える。

One Point Advice 牛肉は鉄分がたっぷりと含まれ、スタミナアップにもおすすめの食材。

なすとパプリカには抗酸化成分がたっぷり！

Chapter 2

競技別レシピ

主菜

スタミナが足りないと思ったら
サケを食べるのがおすすめ

たんぱく質 カルシウム

303 kcal サーモンクリーム煮

【材料（2人分）】
サケ（切り身）200g／塩、粒こしょう各少々／小麦粉適量／玉ねぎ60g／バター小さじ2／牛乳、水各1カップ／コンソメ少々／塩、こしょう各少々

【作り方】
❶ 玉ねぎは薄切りにする。
❷ サケは塩、粒こしょうで下味をつけ、小麦粉をつける。
❸ フライパンにバターを熱し、❷をさっと焼いて器にとり出す。同じフライパンで玉ねぎも炒め、同様に器にとる。
❹ ❸のフライパンに牛乳と水、コンソメを入れて火にかけ、沸騰したらサケと玉ねぎをもどし入れ、塩、こしょうで味をととのえる。

One Point Advice 牛乳ベースの煮物は脂肪をおさえながら、カルシウムをとることが可能。

439 kcal ポークステーキ ごまだれソース

鉄分 カルシウム

ごまたっぷりのソースは
ほかのメニューにもアレンジしたい！

【材料（2人分）】
豚ロース肉160g／塩、こしょう各少々／にんにく2片／サラダ油適量／A《玉ねぎ（すりおろし）60g／すりごま（黒）大さじ2／炒りごま（黒）大さじ2／水大さじ2／酒大さじ2／しょうゆ大さじ2／砂糖少々／ブイヨン少々／塩、こしょう各少々》／プチトマト2個

【作り方】
❶ 豚肉は塩、こしょうし、にんにくは薄切りにする。
❷ フライパンに油を熱し、にんにくを炒めて色が変わったら豚肉を入れて焼き、器に盛る。
❸ ❷のフライパンにAを入れ、火にかけてよく混ぜ、ごまだれソースを作る。
❹ ❷に❸をかけ、半分に切ったプチトマトを添える。

One Point Advice ごまで、たっぷりのカルシウムとマグネシウムがとれるメニューです。

瞬発力アップ！

307 kcal 豆腐ときのこの炒め物

【材料（2人分）】
豆腐（木綿）300g／豚もも薄切り肉200g／しいたけ4枚／えのきたけ100g／サラダ油適量／ポン酢適量／ちりめんじゃこ大さじ2

【作り方】
① 豆腐、豚肉は食べやすい大きさに切る。しいたけ、えのきたけは根元を切りおとし、食べやすい大きさに切る。
② フライパンに油を熱し、豚肉を加え、色が変わるまで炒める。
③ ②に豆腐、しいたけ、えのきたけを加えてさっと炒め、ポン酢をかけて味をととのえる。
④ 器に盛り、ちりめんじゃこをのせていただく。

One Point Advice カルシウム、マグネシウムの含まれるじゃこは常備しておきたい食材。

豆腐にきのこを加えるとカルシウムの吸収率がアップ！

333 kcal ラムの野菜炒め

【材料（2人分）】
ラム肉240g／キャベツ100g／玉ねぎ100g／ピーマン30g／サラダ油適量／おろしにんにく少々／しょうゆ大さじ2

【作り方】
① ラム肉、キャベツ、玉ねぎは食べやすい大きさに切り、ピーマンはせん切りにする。
② フライパンに油を熱し、にんにくとラム、玉ねぎを加えて炒める。
③ ②にある程度火が通ったらキャベツを加えてしょうゆで味をととのえ、最後にピーマンを加えてさっと火を通す。

One Point Advice ラム肉に含まれるビタミン群には基礎代謝を上げる働きがあります。

野菜がたくさんとれて代謝もアップさせてくれる！

レバーと小松菜の炒め物

256 kcal

【材料（2人分）】
豚レバー200g／片栗粉適量／にんにく1片／小松菜100g／サラダ油適量／オイスターソース大さじ2／しょうゆ小さじ2

【作り方】
❶ にんにくはみじん切りに、小松菜は3cm長さに切る。
❷ フライパンに油を熱し、にんにくを香りが出るまで炒める。
❸ ❷に片栗粉をまぶした豚レバーと小松菜を加え、オイスターソースとしょうゆで味をととのえる。

One Point Advice　レバーの鉄分と小松菜のカルシウムなど、必要なミネラルがたっぷり。

レバーと小松菜でミネラルがしっかりとれる！

ごま揚げ

381 kcal

【材料（2人分）】
豚ヒレ肉200g／おろしにんにく少々／しょうゆ大さじ4／炒りごま（白・黒）各大さじ4／小麦粉、溶き卵各適量／揚げ油適量／サニーレタス2枚

【作り方】
❶ 豚肉は食べやすい大きさに切る。
❷ ボウルににんにくとしょうゆを混ぜ合わせ、❶を浸けて15分以上おく。
❸ 白、黒の炒りごまは混ぜ合わせる。
❹ ❷に小麦粉、卵、炒りごまの順で衣をつけ、約180℃の油でカラッと揚げる。
❺ 器にレタスを敷き、❹を盛りつける。

One Point Advice　パン粉ではなくごまを使うフライの調理法は、覚えておくと便利です。

フライものを作るなら衣はミネラルたっぷりのごまで！

Chapter 2　競技別レシピ　主菜

97

瞬発力アップ！

200kcal たらこオムレツ

必須アミノ酸が豊富なたらこは集中力を高める効果も！

お弁当

【材料（2人分）】
卵4個／玉ねぎ40g／たらこ40g／牛乳大さじ4／塩、こしょう各少々／オリーブ油適量／ケチャップ大さじ2／パセリ少々

【作り方】
① 玉ねぎはみじん切りにし、フライパンでさっと炒める。
② ボウルに卵を割り、ほぐしたたらこ、①、牛乳、塩、こしょうを加えてよく混ぜ合わせる。
③ フライパンにオリーブ油を熱し、②を焼く。
④ 器に盛り、ケチャップをかけてパセリを添える。

366kcal ポークナッツグリル

鉄分　たんぱく質　お弁当

【材料（2人分）】
豚もも薄切り肉200g／アーモンドミックス60g／サラダ油適量／焼き肉のたれ少々／レタス2枚

【作り方】
① 豚肉は一口大に切る。
② フライパンに油を熱し、①を炒める。アーモンドミックスを加えてさらにさっと炒め、焼き肉のたれで味をととのえる。
③ レタスを敷いた器に②を盛る。

One Point Advice ナッツのビタミンEは、運動することで壊れる細胞膜を修復してくれます。

マグネシウム、ビタミンEが豊富なナッツをたっぷりと

328kcal ししゃもフライ

鉄分　たんぱく質　ビタミンC　カルシウム　お弁当

【材料（2人分）】
ししゃも（大）3尾／塩、こしょう各少々／小麦粉、溶き卵、パン粉各適量／揚げ油適量／トマト50g／レモン適宜

【作り方】
① ししゃもは塩、こしょうをする。
② ①に小麦粉、卵、パン粉の順で衣をつけ、約180℃の油でカラッと揚げる。
③ ②を器に盛り、くし形に切ったトマトとレモンを添える。

One Point Advice 小魚は骨ごと食べられるのでカルシウムをたっぷりととれます。

カルシウムたっぷりの小魚をフライにしてさらに食べやすく！

マグロのオイスター炒め

364 kcal

鉄分／たんぱく質／お弁当

【材料（2人分）】
マグロ（切り身）300g／にんにくの芽 80g／もやし 60g／ごま油適量／おろしにんにく少々／塩、こしょう各少々

【作り方】
1. マグロの切り身は一口大に、にんにくの芽は3cm長さに切る。
2. フライパンにごま油を熱し、おろしにんにくを加えて香りが出るまで炒める。
3. ❷にマグロ、にんにくの芽、もやしを加えて炒め、塩、こしょうで味をととのえる。

瞬発力アップに必要なアミノ酸がたっぷりとれる！

魚介のケチャップ炒め

243 kcal

鉄分／たんぱく質／ビタミンC／カルシウム

【材料（2人分）】
シーフードミックス（冷凍）200g／ホタテ（貝柱）4個／白菜200g／トマトの水煮（缶詰）100g／サラダ油適量／コンソメ少々／ケチャップ大さじ4／塩、こしょう各少々

【作り方】
1. 白菜は一口大に切る。
2. フライパンに油を熱し、解凍したシーフードミックス、ホタテ、❶を炒める。
3. ❷に火が通ったら、トマトの水煮、コンソメ、ケチャップ、塩、こしょうを加えて味をととのえる。

シーフードには、強い体作りに欠かせないアミノ酸がたっぷり！

アジの梅煮

186 kcal

【材料（2人分）】
アジ2尾／梅干し2個／しょうが2片／A《しょうゆ大さじ2／砂糖少々／水2カップ》

【作り方】
1. アジは内臓をとる。梅干しは種をとり、しょうがは薄切りにする。
2. 鍋にAを入れて火にかけ、沸騰したら弱火にして❶を加える。ときどき煮汁をアジに回しかけながら火が通るまで煮込む。

One Point Advice　圧力鍋で作るのもおすすめ。梅干しはカルシウムの吸収を助けます。

カルシウムがたっぷりとれて疲労回復効果も抜群！

鶏と桜エビの炒め物

327 kcal

瞬発力アップ！

【材料（2人分）】
鶏むね肉200g／絹さや20枚／桜エビ40g／サラダ油適量／塩、粗びきこしょう各少々

【作り方】
1. 鶏肉は一口大に、絹さやは半分に切る。
2. フライパンに油を熱し、鶏肉を炒める。
3. ❷に絹さやと桜エビを加えてさっと炒め、塩と粗びきこしょうで味をととのえる。

One Point Advice　ミネラルたっぷりの桜エビは、スポーツ選手が積極的にとりたい食材。

たんぱく質、ミネラル、ビタミンがバランスよくとれる！

手羽のすき焼き風

353 kcal

【材料（2人分）】
鶏手羽先4本／白菜60g／にんじん40g／えのきたけ40g／A《水3カップ／和風だし小さじ2／しょうゆ大さじ2／酒大さじ2／砂糖少々／みりん小さじ2》

【作り方】
1. 白菜、にんじん、根元を切りおとしたえのきたけは食べやすい大きさに切る。
2. 鍋にAを入れて火にかけ、沸騰したら❶と手羽先を加え、柔らかくなるまで煮込む。

One Point Advice　たんぱく質とコラーゲンたっぷりの手羽先は骨折したときにもおすすめ。

たんぱく質とコラーゲン、カルシウムがしっかりとれる！

鶏のチーズ焼き

324 kcal

【材料（2人分）】
鶏もも肉200g／かいわれ60g／サラダ油適量／塩、こしょう各少々／とろけるチーズ80g

【作り方】
1. 鶏肉は一口大に切って塩、こしょうする。かいわれは根元を切りおとし、食べやすい大きさに切る。
2. フライパンに油を熱して❶の鶏肉を焼き、よく火が通ったらとろけるチーズを加えてさっと熱を通し、器に盛る。
3. かいわれを添えていただく。

One Point Advice　チーズのたんぱく質は成長期に◎。いろいろなチーズを食べましょう。

カルシウムとたんぱく質を含むチーズは成長期に欠かせない！

牛肉のごま焼き

429 kcal

鉄分／ビタミンC／カルシウム／お弁当

【材料（2人分）】
牛ロース薄切り肉 160g／キャベツ 100g／レンコン 40g／炒りごま（白）大さじ4／サラダ油適量／めんつゆ少々

【作り方】
1. 牛肉は食べやすい大きさに切る。キャベツは一口大に、レンコンは薄切りにする。
2. フライパンに油を熱し、1を炒める。
3. 2に牛肉を加えてさらに炒めたら、めんつゆで調味し、炒りごまを振る。

One Point Advice 牛肉には鉄分が、ごまにはカルシウム、マグネシウムが含まれています。

鉄分をはじめとしたミネラルがたっぷり！

アサリと卵の塩炒め

314 kcal

鉄分／たんぱく質／カルシウム

【材料（2人分）】
アサリ（むき身）160g／キャベツ 40g／卵3個／塩、粗びきこしょう各少々／サラダ油適量／炒りごま（白）大さじ2

【作り方】
1. キャベツは一口大に切る。
2. 卵は割りほぐし、塩、粗びきこしょうを振る。
3. フライパンに油を熱し、アサリとキャベツを炒める。よく火が通ったら2を回し入れ、半熟になったら炒りごまを振る。

One Point Advice アサリには鉄分のほか、たんぱく質、タウリンが含まれています。

鉄分、タウリンと一緒にたんぱく質をたっぷりと！

豆腐の中華炒め

337 kcal

鉄分／たんぱく質／カルシウム／お弁当

【材料（2人分）】
豆腐（木綿）200g／にら 40g／小松菜 60g／豚ひき肉 100g／サラダ油適量／中華だし少々／塩、こしょう各少々／桜エビ 6g

【作り方】
1. にらと小松菜は3cm長さに切る。
2. フライパンに油を熱し、ひき肉と豆腐を加え、木べらで豆腐を崩しながら炒める。
3. 2に1を加えてさらに炒め、中華だしと塩、こしょうで味をととのえる。仕上げに桜エビを振る。

One Point Advice 豆腐と小松菜と桜エビで、たっぷりとカルシウムがとれます。

カルシウム不足が気になったら迷わずコレでカルシウム補給！

副菜　野菜をたっぷりとってコンディションをととのえる！

瞬発力アップ！

エネルギーとたんぱく質をバランスよく手軽に補給

お弁当

226kcal ペンネエッグサラダ

【材料（2人分）】
ペンネ20g／卵2個／いんげん4本／マヨネーズ大さじ4／こしょう少々／サニーレタス2枚

【作り方】
① ペンネは表示時間通りにゆでる。
② ゆで卵を作り、白身はみじん切りにし、黄身はフォークなどでつぶす。
③ いんげんはゆでて小口切りにする。
④ ボウルに❶、❷、❸を入れてマヨネーズとこしょうで味をととのえる。
⑤ 器にサニーレタスを敷き、❹を盛る。

One Point Advice 炭水化物とたんぱく質をバランスよくとることのできるメニューです。

158kcal 納豆ギョウザ

鉄分　お弁当

【材料（2人分）】
納豆80g／長ねぎ20g／おろしにんにく少々／しょうゆ小さじ2／ギョウザの皮10枚／揚げ油適量／ポン酢適宜／アスパラガス60g

【作り方】
① 長ねぎはみじん切りにする。
② ボウルに納豆と❶、にんにく、しょうゆを入れてよく混ぜる。
③ ❷を10等分してギョウザの皮で包む。
④ ❸を160～170℃の油でカラッと揚げる。
⑤ アスパラガスは食べやすい大きさに切り、ゆでる。
⑥ ❹を器に盛り、❺とポン酢を添える。

One Point Advice 納豆は鉄分を含むたんぱく質で、成長期には欠かせない食品です。

納豆は鉄分もたんぱく質も豊富
貧血が気になるときにはぜひ！

Chapter 2

競技別レシピ

ビタミンやミネラルたっぷりの野菜をたくさん食べられる！

171 kcal 中華風旨煮

【材料（2人分）】
鶏むね肉 120g／にんじん 40g／しいたけ2枚／ごぼう 40g／にんにくの芽 20g／たけのこの水煮 20g／チンゲン菜 40g／水3カップ／中華だし小さじ4／塩少々

【作り方】
1. 鶏肉、にんじん、しいたけ、ごぼうは一口大に切る。にんにくの芽は3cm長さに切る。たけのこはせん切りにする。
2. チンゲン菜はゆでて水気をきり、3cm長さに切る。
3. 鍋に水を入れて火にかけ、沸騰したら中華だしと塩を加える。❶を入れて柔らかくなるまで煮る。
4. 器に❸を盛り、チンゲン菜を飾る。

One Point Advice きのこを加えることで、カルシウムの吸収をよくすることができます。

副菜

178 kcal 麻婆大根

【材料（2人分）】
大根 200g／豚ひき肉 100g／長ねぎ 60g／サラダ油適量／中華だし小さじ2／豆板醤小さじ1／しょうゆ少々／サニーレタス2枚

【作り方】
1. 大根はサイコロ状に、長ねぎは斜め切りにする。
2. フライパンに油を熱し、大根が透き通るまで炒めたらひき肉を加え、さらに炒める。
3. ❷に長ねぎを加えてさっと炒め、中華だしと豆板醤、しょうゆで味をととのえる。
4. 器にサニーレタスを敷き、❸を盛る。

One Point Advice ピリ辛風味は胃酸の分泌がよくなるので、食欲増進効果があります。

ビタミンC ／ お弁当

ピリ辛味で食欲増進！豚肉には疲労回復効果も

瞬発力アップ！

たんぱく質たっぷりの具で
バランスのいいサンドイッチ

オープンサンド 268kcal

【材料（2人分）】
食パン（8枚切り）2枚／卵1個／レタス2枚／トマト40g／スライスチーズ2枚／ハム2枚／カッテージチーズ40g／ケチャップ少々

【作り方】
1. 食パンは4等分にする。
2. ゆで卵を作り、薄切りにする。
3. ❶に適当な大きさに切った材料をのせ、ケチャップを添える。

One Point Advice サンドイッチの具はたんぱく質を中心にするとよいでしょう。

さといものミルク煮 201kcal

【材料（2人分）】
さといも200g／ブロッコリー60g／牛乳2カップ／水2カップ／コンソメ小さじ2／塩、粗びきこしょう各少々

【作り方】
1. さといもとブロッコリーは一口大に切る。
2. 鍋に牛乳と水、コンソメ、塩、粗びきこしょう、さといもを入れて火にかけ、柔らかくなるまで煮る。
3. ある程度火が通ったところで、ブロッコリーを加えて柔かくなるまでさらに煮る。

One Point Advice 炭水化物、たんぱく質、カルシウム、ビタミンと栄養バランスがととのっています。

成長期に必要な栄養素が
全部とれるお得なメニュー

ホタテとにんじんのカッテージチーズ和え 152kcal

【材料（2人分）】
ホタテ200g／にんじん60g／カッテージチーズ40g／ベビーリーフ20g／ポン酢少々／レモン汁少々

【作り方】
1. にんじんはすりおろし、カッテージチーズとポン酢、レモン汁と混ぜ合わせる。
2. ホタテと❶を和える。
3. 器にベビーリーフを敷き、❷を盛る。

One Point Advice カッテージチーズはチーズの中で一番脂肪が少なく、おすすめの食材。

ホタテには疲労回復効果のある
アミノ酸がたっぷり！

高野豆腐とじゃがいもの煮物

202 kcal

【材料（2人分）】
高野豆腐 30g／じゃがいも 200g／グリンピース（冷凍）40g／めんつゆ大さじ 3／水 2カップ

【作り方】
1. 高野豆腐は固いまま、食べやすい大きさに切る。じゃがいもは一口大に切る。
2. 鍋にめんつゆと水、じゃがいもを入れて火にかけ、柔らかくなるまで煮る。最後に高野豆腐とグリンピースを加え、ひと煮立ちさせる。

One Point Advice カルシウムがたっぷり含まれた高野豆腐は、成長期におすすめの食材。

成長期のカルシウム不足を一発解決してくれる一品

刺身ピーナッツ和え

223 kcal

【材料（2人分）】
刺身各種 200g／ピーナッツ（粉）大さじ 2／きゅうり 50g／しそ 2枚／A《しょうゆ大さじ 1／砂糖少々／酢大さじ 2／塩、こしょう各少々》

【作り方】
1. 刺身ときゅうりは食べやすい大きさに切る。しそはせん切りにする。
2. Aとピーナッツを混ぜ合わせ、❶と和える。

One Point Advice 刺身には、体を作るのに効果的なアミノ酸がたっぷり含まれています。

刺身とピーナッツは免疫力を高める組み合わせ

きのこの南蛮漬け

34 kcal

【材料（2人分）】
紫キャベツ 40g／マッシュルーム 6個／えのきたけ 40g／A《みりん小さじ 2／砂糖小さじ 2／黒酢少々／唐辛子少々／しょうゆ小さじ 2》／パセリ少々

【作り方】
1. キャベツはせん切りに、マッシュルームとえのきたけは、根元を切りおとして食べやすい大きさに切る。
2. マッシュルームとえのきたけに、さっと熱湯をかける。
3. Aと❷を和える。
4. 器に盛ってパセリを添える。

カルシウムたっぷりの主菜に必ず添えたいきのこメニュー

瞬発力アップ！

お酢に含まれるクエン酸で疲労回復効果も期待！

鉄分

28kcal もずくサラダ

【材料（2人分）】
もずく（三杯酢）100g／みょうが200g／トマト100g／すりごま小さじ2

【作り方】
❶ みょうがはせん切りに、トマトは1cm角のサイコロ状に切る。
❷ もずくを汁ごと❶、すりごまと和える。

One Point Advice カロリーがほとんどないメニューなので、体脂肪が気になる方にも。

138kcal チーズディップ

【材料（2人分）】
ラディッシュ4個／にんじん100g／きゅうり100g／とろけるチーズ60g／牛乳大さじ2／酒少々

【作り方】
❶ 野菜は食べやすい大きさに切る。
❷ 耐熱皿にとろけるチーズと牛乳、酒を加えて700Wの電子レンジでチーズがとけるまで20〜30秒温める。
❸ ❶を❷につけていただく。

One Point Advice 野菜をたくさんとりたいときに。チーズと牛乳でカルシウムとたんぱく質も。

野菜をたっぷりとるときはカルシウム&たんぱく質と一緒に！

カルシウム

鉄分 ビタミンC カルシウム お弁当

173kcal じゃがいもしゃきしゃきサラダ

【材料（2人分）】
じゃがいも200g／にんじん40g／トマト50g／炒りごま（白）大さじ2／和風ドレッシング適量

【作り方】
❶ じゃがいもとにんじんはせん切りにして塩水（分量外）に浸けたあと、よく水気をきる。
❷ トマトは輪切りにする。
❸ 器に❶と❷を盛り、炒りごまと和風ドレッシングをかける。

One Point Advice お酢のクエン酸をプラスすることでエネルギーの吸収がアップします。

エネルギーをたっぷりと補給したいときにおすすめ！

Chapter 2 競技別レシピ

副菜

148 kcal 切り干し大根

ビタミンC／カルシウム／お弁当

【材料（2人分）】
切り干し大根40g／にんじん40g／ちくわ60g／サラダ油適量／だし汁2カップ／砂糖少々／しょうゆ小さじ2

【作り方】
❶ 切り干し大根は水に浸けてもどす。
❷ にんじんはせん切り、ちくわは一口大に切る。
❸ 鍋に油を熱し、❶とにんじんを炒め、火が通ったらちくわとだし汁、砂糖、しょうゆを加えて約10分煮込む。

One Point Advice 切り干し大根はミネラルの宝庫といえる食材。常備しておきましょう。

汗をたくさんかいた日は切り干し大根でミネラル補給

183 kcal 豆腐のチーズグリル

カルシウム／お弁当

【材料（2人分）】
豆腐（木綿）200g／片栗粉適量／とろけるチーズ40g／サラダ油適量／パセリ少々／サラダ菜2枚

【作り方】
❶ 豆腐は食べやすい大きさに切り、片栗粉をつける。パセリはみじん切りにする。
❷ フライパンに油を熱し、豆腐を両面焼く。
❸ とろけるチーズとパセリをのせてさっと熱を通したら、サラダ菜を敷いた器に盛る。

One Point Advice たんぱく質、マグネシウム、カルシウムが一度にとれるメニューです。

瞬発力アップに必要な3つの栄養素が一度にとれる！

121 kcal パプリカとレーズンの炒め物

ビタミンC／カルシウム／お弁当

【材料（2人分）】
パプリカ（赤・黄）各60g／ピーマン20g／レーズン20g／オリーブ油適量／パルメザンチーズ小さじ4／フレンチドレッシング少々

【作り方】
❶ パプリカとピーマンは細切りに、レーズンはみじん切りにする。
❷ フライパンにオリーブ油を熱し、❶をさっと炒める。
❸ ❷をパルメザンチーズとドレッシングで和える。

One Point Advice パプリカには抗酸化作用があり、活性酸素をおさえてくれます。

運動で発生する活性酸素をこのメニューで撃退！

汁物 — 野菜や海藻、乳製品を使ってミネラルをGET！

瞬発力アップ！

とにかく野菜がたっぷりの ビタミンとミネラルのスープ

ビタミンC

パルメザンミネストローネ
126 kcal

【材料（2人分）】
にんじん20g／トマト20g／アスパラガス20g／キャベツ40g／ソーセージ（小）120g／ハム2枚／トマトの水煮（缶詰）60g／水2カップ／コンソメ小さじ2／塩少々／パルメザンチーズ小さじ2／パセリ少々

【作り方】
1. 材料は食べやすい大きさに切る。
2. 鍋に水を入れて火にかけ、沸騰したら弱火にして①とトマトの水煮を加えて柔らかくなるまで煮る。
3. コンソメ、塩を加えて味をととのえる。
4. 器に盛り、パルメザンチーズ、パセリをのせる。

One Point Advice　パルメザンチーズでカルシウム採取。トマトの疲労回復効果もうれしい。

パンプキンスープ
136 kcal

ビタミンC　カルシウム

【材料（2人分）】
かぼちゃ100g／牛乳1カップ／水1/4カップ／コンソメ小さじ2／塩、粗びきこしょう各少々／クルトン少々／ドライパセリ少々

【作り方】
1. かぼちゃは小さめに切り、700Wの電子レンジで3〜5分加熱し、柔らかくする。
2. 鍋に牛乳と水を入れて火にかけ、沸騰したら①を加え、つぶしながらよく混ぜる。
3. コンソメと塩、粗びきこしょうを加えて味をととのえる。
4. 器に盛り、クルトンとドライパセリを振る。

One Point Advice　バターや生クリームを使わず、低カロリーで仕上げることがポイント。

牛乳ベースのスープはカルシウムがたっぷり！

サケ缶とワカメのスープ

96 kcal

カルシウムとマグネシウムにたんぱく質もとれるスープ

【材料（2人分）】
サケ（缶詰）100g／ワカメ（塩蔵）20g／長ねぎ40g／水 1½カップ／中華だし小さじ2／塩、こしょう各少々

【作り方】
① ワカメは塩を振りおとし、10分ほど水に浸けたあと水洗いして小さめに切る。長ねぎは斜め薄切りにする。
② 鍋に水を入れて火にかけ、沸騰したら弱火にしてすべての材料を加え、中華だしと塩、こしょうで味をととのえる。

One Point Advice ワカメはカロリーがほとんどなく、カルシウム、マグネシウムが豊富。

キャベツと鶏のスープ

127 kcal

キャベツのスープは胃が弱っているときにも

【材料（2人分）】
キャベツ40g／紫キャベツ20g／鶏むね肉100g／水 1½カップ／ブイヨン小さじ2／塩少々

【作り方】
① キャベツ、紫キャベツ、鶏肉は食べやすい大きさに切る。
② 鍋に水とブイヨンを入れて火にかけ、沸騰したら弱火にして鶏肉を入れる。
③ 鶏肉に火が通ったらキャベツ、紫キャベツを加え、火が通ったら塩で味をととのえる。

One Point Advice キャベツと鶏肉は成長期の体作りにおすすめの組み合わせです。

これ1品で必要栄養素がとれる 瞬発力養成みそ汁！

瞬発力アップ！

じゃがいも入り納豆汁

87 kcal

【材料（2人分）】
じゃがいも 60g ／納豆 40g ／長ねぎ 10g ／だし汁 1½ カップ／みそ大さじ2

【作り方】
1. じゃがいもは一口大に切り、長ねぎは斜め薄切りにする。
2. 鍋にだし汁とじゃがいもを入れて火にかけ、じゃがいもが柔らかくなるまで煮る。
3. ❷に納豆を加え、沸騰したら火を弱めてみそを溶かし入れ、長ねぎを加える。

One Point Advice じゃがいもと納豆の組み合わせで、瞬発力に必要な栄養素がそろいます。

ごま汁

123 kcal

【材料（2人分）】
かぼちゃ 60g ／だし汁 1½ カップ／みそ大さじ2／炒りごま（黒・白）各小さじ2／すりごま（黒）大さじ2

【作り方】
1. かぼちゃは食べやすいように小さめに切る。
2. 鍋にだし汁とかぼちゃを入れて火にかける。
3. かぼちゃが柔らかくなったらみそを溶かし入れ、ごまを加えてひと煮立ちさせる。

One Point Advice ふだんのみそ汁にもごまをプラスしてミネラルをとりましょう。

カルシウム

エネルギーとミネラルを効果的に補給するみそ汁

Chapter 2 競技別レシピ

ミネラル、ビタミンたっぷりの野菜をたくさん食べられる！

のっぺい汁
137 kcal

【材料（2人分）】
豆腐（木綿）40g／さといも100g／にんじん40g／ごぼう20g／しいたけ40g／長ねぎ10g／こんにゃく20g／だし汁2カップ／みそ大さじ2強

【作り方】
❶ 材料は食べやすい大きさに切る。
❷ 鍋にだし汁とさといも、にんじん、ごぼう、しいたけを入れて火にかけ、柔らかくなるまで煮る。
❸ ❷にこんにゃくと長ねぎ、豆腐を加え、ひと煮立ちしたら火を弱めてみそを溶かし入れる。

One Point Advice 汁物は栄養がとけ出た汁も飲めるので、きちんと摂取できます。

豆乳入り玉ねぎみそ汁
113 kcal

汁物

【材料（2人分）】
玉ねぎ60g／豆乳½カップ／だし汁1カップ／みそ大さじ2弱／すりごま（白）大さじ2

【作り方】
❶ 玉ねぎは薄切りにする。
❷ 鍋にだし汁を入れて火にかけ、沸騰したら弱火にして玉ねぎを入れ、柔らかくなるまで煮る。
❸ ❷に豆乳を加えてひと煮立ちさせたら火を弱め、みそを溶かし入れてすりごまを振る。

One Point Advice 豆乳は鉄分を含むたんぱく質。貧血が気になる人にもおすすめです。

鉄分　カルシウム

豆乳を加えてみそ汁をさらにヘルシーに

川端先生から +α のアドバイス

スポーツ選手はカレーが好き!?

勝つためには、好きなものを食べさせたい

　選手に栄養指導をするときに「嗜好調査」を行います。簡単にいうと「選手の好き嫌い」を調べるもの。これをもとに、寮やホテルなどのメニューを作成します。

　例えば体に必要なものを出しても、それが嫌いな選手が多ければ、食べ残しは多くなります。もちろん、栄養的な意味を話せば納得して我慢して食べる選手もいますが、試合前となると、ストレスをとり除くのも、よいパフォーマンスを発揮するためには必要なこと。そのタイミングで嫌いな食材を使ったメニューを出すのは、スポーツ栄養士としてさけたいことなのです。

　また、連戦で疲労してきたり、ハードな練習を行ったりすると、どうしても食欲が落ちてきます。そんな時期こそしっかり食事をしたいものなのですが……。

　そんなときにも、この「嗜好調査」を活用します。食欲がないときこそ、選手の好きなものを参考に、その時期に必要な食材やメニューをとり入れるのです。

　これまでJリーグのプロサッカーチームやユース選手、オリンピック選手などに嗜好調査を行ってきましたが、その選手たちがもっとも好きなメニューは「カレー」!! 逆にカレーが嫌いな選手には出会ったことがありません!

カレーはスポーツ選手にぴったり!

　カレーにはカレー粉のほかにもたくさんの香辛料が使われています。ターメリックは肝臓強化の働きや抗酸化力があり、スポーツ選手におすすめの香辛料です。ガラムマサラは身体を温め、コリアンダーは新陳代謝をアップ、クミンは胃や腎臓の働きをよくする効果が期待できます。またスタミナアップに効くにんにくなども使われていて、食欲を高める働きもあるのです!

　アレンジも自在で、野菜を多く使えばコンディション維持に必要なビタミンが、豚肉を使えば疲労回復や体作りの栄養素が補給できる優れもの! また、嫌いな食材も、カレーに混ぜると食べられるという選手が多いのです。

　ただしカレーは高カロリーで意外に脂肪が多いのが欠点。それを解消するには、市販のルウを使う場合は、ルウを少なめにする、もしくは脂肪分が少なめのルウを使うとよいでしょう。カレー粉から作る場合には、バターの量を少量にすること。そんなちょっとした工夫で、高カロリーのカレーもスポーツ食にアレンジできるのです。

　疲れや暑さなどで食欲が落ちてきたときなど、カレーを使ったメニュー（カレーライス、カレーうどん、カレー炒め……）をとり入れてはいかがでしょうか?

Chapter 3

目的別レシピ

練習の疲れをとるには何を食べればよいのか、ケガを早く治すにはどんな栄養をとればよいか……。この章では選手からの問い合わせが多い質問に対して効果的なレシピを紹介します。自分の気になるテーマのレシピを食事にとり入れてください。

※レシピの材料は2人分、カロリーは1人分のものを表記しています。

「身長を伸ばす」には カルシウムをとろう

バスケットボールやバレーボールをしている選手で、身長を伸ばしたいと思っている人は多いでしょう。そのために必要なのはカルシウム！ 10代のうちに骨の密度を高めておくためにも、効率的にカルシウムを摂取できるメニューを作りましょう。

この食材をチェック！

カルシウム
チーズ、小松菜、牛乳、豆腐、豆乳、ワカメなど

ビタミンC
さくらんぼ、イチゴ、キウイ、バナナなど

コラーゲン
ゼラチン、鶏手羽先、ミミガー、鶏ガラなど

たんぱく質
豆腐、卵、鶏肉、豚肉、牛肉、納豆など

カルシウム×コラーゲンで吸収率が高まる

身長を伸ばすためには、骨を固める成分であるカルシウムをとることが大切です。カルシウムは牛乳やチーズなどの乳製品、豆腐などに含まれています。

またゼラチンや骨を煮込んだスープなどに含まれるコラーゲンは、骨にカルシウムをつける役割を果たすので、一緒にとるとよいでしょう。骨の成分となるたんぱく質や、コラーゲンの吸収率を上げるビタミンCを摂取することも効果的です。食事をする際には積極的にとるよう心がけてください。

主菜 235kcal 豆腐とチーズのグラタン

カルシウム

【材料（2人分）】
豆腐（木綿）100g／プロセスチーズ40g／バター小さじ2／小麦粉少々／牛乳1/2カップ／塩、こしょう各少々／とろけるチーズ40g／パセリ少々

【作り方】
❶ 豆腐とプロセスチーズは一口大に切る。
❷ ホワイトソースを作る。鍋にバターを熱し、小麦粉を炒めて牛乳を加え、よくかき混ぜながら煮る。とろみがついたら塩、こしょうで味をととのえる。
❸ 耐熱皿に❶と❷を入れて、上にとろけるチーズをのせ、220～230℃のオーブンで15～20分焼き、パセリを飾る。

チーズと牛乳からダブルでカルシウムがとれる！

主菜 162 kcal たっぷりチーズのオムレツ

ビタミンDが豊富な卵黄でカルシウムの吸収率UP！

カルシウム / お弁当

【材料（2人分）】
卵2個／とろけるチーズ20g／牛乳大さじ4／塩、こしょう各少々／バター小さじ2／ケチャップ適宜／パセリ少々

【作り方】
① ボウルに卵を割りほぐし、チーズと牛乳、塩、こしょうを加えてよく混ぜる。
② フライパンにバターを熱し、①を焼く。
③ 器に盛りつけ、ケチャップをかけてパセリを添える。

One Point Advice 卵は良質なたんぱく質とビタミンDが効率的にとれる食材です。

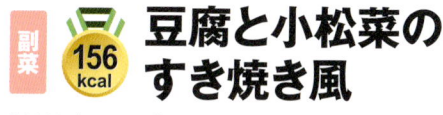

副菜 156 kcal 豆腐と小松菜のすき焼き風

小松菜はカルシウムがたっぷり含まれた野菜です！

鉄分 / ビタミンC / カルシウム

【材料（2人分）】
豆腐（木綿）200g／小松菜100g／長ねぎ40g／卵1個／水5カップ／和風だし小さじ2／しょうゆ大さじ6／酒小さじ2／砂糖少々

【作り方】
① 豆腐は食べやすい大きさ、小松菜は3cm長さに切り、長ねぎは斜め切りにする。
② ゆで卵を作り、縦半分に切る。
③ 鍋に水、和風だし、しょうゆ、酒、砂糖を入れてだし汁を作り、①と②を加えて約10分煮る。

One Point Advice 小松菜のほかにほうれん草、水菜などもカルシウムが豊富です。

副菜 143 kcal フルーツ杏仁

ビタミンC / カルシウム

【材料（2人分）】
ゼラチン6g／水 $2/5$ カップ／砂糖大さじ2／牛乳 $1\,1/5$ カップ／バニラエッセンス少々／さくらんぼ8個／イチゴ4個／ミントの葉適宜

【作り方】
① 耐熱皿にゼラチン、水、砂糖を入れ、700Wの電子レンジで約1分加熱する。
② 牛乳とバニラエッセンスを①に加えてよく混ぜ、冷蔵庫で1時間以上冷やす。
③ 冷蔵庫からとり出した②をスプーンですくいとり、器に盛りつけて、さくらんぼと4等分に切ったイチゴを飾り、ミントの葉を添える。

カルシウムの吸収を助けるコラーゲン入り！

「集中力アップ」には糖質が必要!

サッカーやバスケ、ラグビーなどのチーム競技では、頭脳の働きが大切。集中力を高めることで、とっさのときによい判断をすることができます。そこでとりたい栄養素は脳のエネルギー源となる糖質。不足しないようにしっかりとるようにしましょう。

この食材をチェック!

炭水化物
ごはん、パスタ、パン、コーン、うどんなど

たんぱく質
卵、納豆、サケ、タコ、カツオ、マグロなど

クエン酸
トマト、キムチ、梅干し、酢など

クエン酸と糖質をとって効果的にエネルギーを作る

頭の栄養になるのは糖質だけなので、集中力をつけたいときには、ごはんやパンなどの炭水化物をとってください。これらはゆっくりエネルギーに変わるので、試合が午前なら前日の夜などにしっかり食べておきたいものです。

また、トマトや酢などに含まれるクエン酸は糖質の吸収率を高めてくれる成分です。脳の神経系の発達をよくしてくれるたんぱく質も一緒にとりたい栄養素。炭水化物とうまく組み合わせて頭の活性化を促しましょう。

主食 364kcal トマトと卵のリゾット

(ビタミンC・糖質)

【材料(2人分)】
ごはん200g／にんにく2片／トマト100g／卵1個／トマトの水煮(缶詰)100g／オリーブ油適量／塩、こしょう各少々／水1½カップ／ケチャップ大さじ4／パセリ少々

【作り方】
❶ にんにくは薄切り、トマトはざく切りにする。
❷ ゆで卵を作り、半分に切る。
❸ フライパンに油を熱し、にんにくを炒めてトマトの水煮、水、ごはん、ケチャップを加えて約10分煮る。
❹ トマトと塩、こしょうを加えてひと煮立ちさせたら器に盛り、ゆで卵とパセリを添える。

トマトのクエン酸が糖質の吸収率を上げる!

主食 477kcal 卵としらすのチャーハン

【材料（2人分）】
ごはん300g／卵1個／しらす大さじ4／玉ねぎ40g／ピーマン20g／豚ロース薄切り肉100g／サラダ油適量／中華だし小さじ2／塩、こしょう各少々

【作り方】
❶ 玉ねぎは薄切り、ピーマンはせん切り、豚肉は食べやすい大きさに切る。卵は割りほぐす。
❷ フライパンに油を熱し、卵を流し入れてポロポロになるまで炒める。さらに玉ねぎと豚肉を加えて炒め、ごはんとしらす半量、中華だしを加えて炒める。
❸ ❷にピーマンを加え、火が通ったら塩、こしょうで味をととのえる。器に盛り、残りのしらすをのせる。

卵のたんぱく質は脳の神経系の発達をよくする！

脳の疲労を抑えるアミノ酸が納豆からとれる！

主食 323kcal 納豆スパゲッティ

【材料（2人分）】
スパゲッティ120g／納豆80g／長ねぎ20g／みょうが2個／しそ4枚／しょうゆ大さじ2／カツオ節2g

【作り方】
❶ 長ねぎは斜め薄切り、みょうがとしそはせん切りにする。スパゲッティは表示時間通りゆでる。
❷ 納豆としょうゆ、長ねぎ、みょうが、しそ、カツオ節を混ぜておく。
❸ 器にスパゲッティを盛り、❷をのせる。

One Point Advice 納豆はたんぱく質もミネラルも効率的にとれる優秀な食材です。

汁物 232kcal バゲットスープ

【材料（2人分）】
バゲット6cm／牛乳2カップ／粒コーン（缶詰）20g／コンソメ2個／粒こしょう少々／ドライパセリ少々

【作り方】
❶ 鍋に牛乳、粒コーン、コンソメを入れて火にかける。
❷ 沸騰したら粒こしょうと1cm厚さに切ったバゲットを加えて、弱火で約5分煮る。
❸ ❷を器に盛りつけ、ドライパセリを散らす。

One Point Advice 野菜の中でもコーンは、特に糖質を多く含む食材です。

ダブルで糖質がとれるパンとコーンの組み合わせ！

「足を速く」するには たんぱく質で筋力UP

球技や陸上競技の選手は、足の速さが勝敗を決めるカギとなります。速く走るためには、まずは筋力をつけることが必須条件。そのうえで、ダッシュのトレーニングを行いましょう。食事では、筋肉のもととなるたんぱく質をしっかりとることを心がけましょう。

この食材をチェック！

たんぱく質
サケ、そら豆、牛肉、鶏肉、豚肉、卵、大豆製品、乳製品など

カルシウム
ワカメ、玄米フレーク、厚揚げ、水菜など

マグネシウム
ワカメ、玄米フレーク、きなこ、厚揚げなど

たんぱく質を効果的に吸収して筋力をアップ

足が速くなりたいなら、まずは筋力をつけなければなりません。筋力をやしなうために効果的なのは肉類、魚類、納豆、卵などに含まれるたんぱく質です。肉類の中では鶏肉が一番適しています。

たんぱく質は海藻、玄米、厚揚げなどに含まれるカルシウムやマグネシウムと一緒にとるのが理想的。吸収がよくなり、筋肉が効率的に作られます。

ただし、ただ食べたからといって足は速くなりません。筋力をつけたうえで適切なトレーニングを行いましょう。

主菜 182kcal サケのワカメ蒸し

たんぱく質 / お弁当

【材料（2人分）】
サケ(切り身)160g／塩、こしょう各少々／ワカメ(塩蔵)20g／もやし20g／めんつゆ大さじ2／水 ¼ カップ

【作り方】
❶ サケに塩、こしょうで下味をつける。
❷ ワカメは塩を振りおとし、10分ほど水に浸けたあと水洗いして食べやすい大きさに切る。
❸ フライパンにめんつゆと水を入れ、沸騰したら火を弱めて❶とワカメともやしを入れ、ふたをして約5分蒸し焼きにする。

One Point Advice　サケに含まれているアミノ酸で瞬発力もアップします。

ワカメと一緒に食べればたんぱく質の吸収率UP！

そら豆と牛肉の炒め物

364 kcal

鉄分 / ビタミンC / お弁当

【材料（2人分）】
そら豆100g／牛ロース薄切り肉160g／パプリカ（黄）40g／オリーブ油適量／塩、こしょう各少々

【作り方】
❶ パプリカは細切りに、牛肉は食べやすい大きさに切る。そら豆はゆでて房から出す。
❷ フライパンに油を熱し、そら豆、牛肉、パプリカを炒めて塩、こしょうで味をととのえる。

One Point Advice 牛肉には鉄分も含まれているので、持久力をつけるのにもお役立ち。

植物性と動物性、両方のたんぱく質がとれる！

鶏の玄米フレーク揚げ

236 kcal

たんぱく質 / お弁当

玄米フレークでミネラルをたっぷり補給！

【材料（2人分）】
鶏ささ身肉300g／塩、こしょう各少々／小麦粉、溶き卵各適量／玄米フレーク40g／揚げ油適量／レタス2枚／トマト40g

【作り方】
❶ 鶏肉に塩、こしょうで下味をつける。
❷ ❶の鶏肉を小麦粉、卵、玄米フレークの順につけて、約180℃の油でカラッと揚げる。
❸ 器にレタスを敷いて❷を盛り、半月切りにしたトマトを添える。

One Point Advice 玄米フレークにはミネラルのほか、ビタミンも含まれています。

厚揚げそぼろあんかけ

286 kcal

鉄分 / カルシウム

【材料（2人分）】
厚揚げ200g／しょうが1片／豚ひき肉60g／あさつき（小口切り）小さじ1／サラダ油適量／和風だし小さじ2／しょうゆ大さじ4／水3カップ

【作り方】
❶ 厚揚げは食べやすい大きさに、しょうがはせん切りにする。
❷ フライパンに油を熱し、しょうがとひき肉を入れて火が通るまで炒める。
❸ 鍋に厚揚げを入れ、和風だし、しょうゆ、水を加えて10～15分煮込む。
❹ 器に❸を盛り、あさつきをのせる。

厚揚げにはカルシウムも豊富に含まれます！

「貧血予防」のために とりたいのは鉄分！

どの競技の選手でも、体を激しく動かすときには筋肉にまで十分な酸素を運ぶことが必要となります。とくに陸上競技などでは、走ったり跳ねたりすることで赤血球が壊れやすくなります。「スポーツ貧血」を起こす恐れも出てくるので、積極的に鉄分を補給するようにしましょう。

この成分をチェック！

ビタミンC
キウイ、イチゴ、グレープフルーツなど

鉄分
レバー、ひじき、サバ、きくらげ、ごまなど

血液をよくする
タコは血の流れをよくして血液循環アップ！

たんぱく質
サバ、マグロ、牛肉、タコ、イカ、豆腐など

吸収されにくい鉄分はビタミンCと一緒にとろう

鉄分は全身に酸素を運ぶヘモグロビンとなる大事な栄養素。鉄分が不足すると筋肉まで酸素が運ばれなくなるため、持久力が低下してしまいます。

鉄分が多く含まれるのは、レバー、ひじき、サバなどですが、意識してとらないと不足しがちな栄養素なので、スポーツ選手はスポーツをしない人よりも多くとるようにしてください。

もともと吸収されにくいため、吸収を促すビタミンCや血液の材料となるたんぱく質と一緒にとるのがおすすめです。

主食 レバニラチャーハン
402 kcal

鉄分／たんぱく質／ビタミンC／お弁当

【材料（2人分）】
ごはん 280g ／豚レバー 200g ／にら 40g ／サラダ油適量／塩、こしょう各少々／中華だし小さじ2／しょうゆ大さじ2／炒りごま（白）小さじ2

【作り方】
❶ レバーは水でよく洗い、食べやすい大きさに切る。にらは3cm長さに切る。
❷ フライパンに油を熱し、レバーを炒める。
❸ ごはんを加えて塩、こしょう、中華だし、しょうゆで調味し、にらと炒りごまを加えてさっと炒める。

One Point Advice 植物性とくらべ、動物性鉄分は吸収率が高いので効率的に摂取できます。

鉄分たっぷりのレバーをたくさん食べよう！

Chapter 3 目的別レシピ

主食 280kcal ひじき混ぜごはん

鉄分／糖質／お弁当

【材料（2人分）】
ごはん 300g ／そら豆 40g ／ひじき 10g ／塩少々

【作り方】
1. そら豆はゆでて房からとり出す。ひじきはさっと水洗いして熱湯にくぐらせる。
2. ごはんにひじきとそら豆を加えてよく混ぜ、塩で味をととのえて器に盛る。

One Point Advice 血液の材料となるたんぱく質がそら豆に含まれています。

鉄分を多く含むひじきで貧血予防！

主菜 370kcal サバのみそ煮

鉄分／たんぱく質／お弁当

【材料（2人分）】
サバ 200g ／しょうが 1片／A《水大さじ4／酒大さじ2／砂糖大さじ2／みりん大さじ2／しょうゆ小さじ2／みそ大さじ2》

【作り方】
1. しょうがは薄切りにする。
2. 鍋にAを入れて沸騰させる。
3. ②にサバとしょうがを入れて10〜15分煮込む。

One Point Advice ヘモグロビンを作る鉄分とたんぱく質が一緒にとれるレシピです。

サバは鉄分とたんぱく質が一度にとれる魚！

副菜 157kcal タコとセロリの炒め物

たんぱく質／お弁当

タコは血液の循環をよくする食材！

【材料（2人分）】
タコ 200g ／セロリ 100g ／オリーブ油適量／塩、こしょう各少々

【作り方】
1. タコは一口大に、セロリは薄切りにする。
2. フライパンにオリーブ油を熱し、①を合わせて火が通るまで炒める。
3. 塩、こしょうで味をととのえる。

One Point Advice 筋肉に十分な酸素を送るために、タコで血液の循環をよくしましょう。

「疲労回復」に効くのは
ビタミンB1とアミノ酸！

どの競技の選手でもスポーツをした後には体に乳酸がたまり、疲れを感じます。疲れを体に残してしまうと試合のときに実力を発揮できなくなることもあるため、トレーニング後には、疲れをとってくれる食材をたっぷりとりましょう。

この成分をチェック!

アミノ酸(BCAA)
カツオ、サケ、卵黄、チーズ、レバーなど

ビタミンB1
豚肉、枝豆、きなこ、ウナギ、玄米など

ビタミンB1と合わせて
にんにくやにらはB1の血中滞在時間を長くしてくれる!

クエン酸
キムチ、トマト、酢、梅干しなど

ビタミンB1、クエン酸をアミノ酸と合わせてとる

疲労回復には豚肉や枝豆などに含まれるビタミンB1や、キムチ、トマトなどに含まれるクエン酸が活躍します。ビタミンB1はにんにくやにらと一緒にとると、血中に長く滞在し、効果的に摂取できるので合わせて調理するとよいでしょう。また、疲労回復に効くとされるBCAAというアミノ酸をとるのもよいでしょう。これはカツオや卵などに含まれています。ビタミンB1はまとめて摂取することができないため、こまめにとるように心がけてください。

主菜 455kcal

たんぱく質 / カルシウム / お弁当

豚のキムチチーズ巻き

【材料（2人分）】
豚ロース薄切り肉6枚／キムチ60g／スライスチーズ6枚／サラダ油適量／レタス2枚／パセリ適宜

【作り方】
❶ 豚肉を広げて置き、6等分したキムチとチーズをのせて、丸める。
❷ フライパンに油を熱し、❶を均等に火が通るように転がしながら焼く。
❸ 器にレタスを敷いて❷を盛り、パセリを添える。

One Point Advice クエン酸には、疲れのもととなる乳酸を分解させる働きがあります。

キムチのクエン酸で運動の疲れをなくそう!

主菜 323kcal 水ギョウザ

豚肉はたんぱく質とB₁が一緒にとれる！

鉄分

【材料（2人分）】
豚ひき肉 160g／にんにく1片／にら 20g／ギョウザの皮 10枚／あさつき（小口切り）小さじ2／塩少々／ポン酢適量

【作り方】
1. にんにくはみじん切り、にらは1cm長さに切る。
2. ボウルにひき肉、1、塩を入れてよく混ぜる。
3. 2を10等分し、ギョウザの皮にのせ、半分に折ってひだを寄せる。沸騰させた湯で2、3分ゆでる。
4. 器に盛り、ポン酢とあさつきをかける。

One Point Advice にんにくを一緒に食べれば、B₁の血中滞在時間が長くなります。

カツオは疲労に効くアミノ酸（BCAA）入り！

鉄分　たんぱく質

主菜 181kcal カツオのたたきにんにく

【材料（2人分）】
カツオのたたき 200g／にんにく2片／オリーブ油適量／刻みのり適量／しょうゆ大さじ2

【作り方】
1. カツオのたたきは食べやすい大きさに切る。
2. フライパンにオリーブ油を熱し、薄切りにしたにんにくを香りが出るまで弱火で炒める。
3. 器にカツオのたたきをのせ、2をかけて刻みのりをのせ、しょうゆをかける。

One Point Advice カツオはたんぱく質が多く、脂質が少ない低カロリー食材です。

副菜 70kcal 枝豆とカニのおろし和え

ビタミンB₁がたっぷり入った枝豆を和え物に！

【材料（2人分）】
枝豆（冷凍）60g／カニ身（ゆで）60g／大根 100g／めんつゆ少々

【作り方】
1. 枝豆は解凍し、さやから出す。カニは食べやすい大きさにほぐす。大根はすりおろす。
2. 1にめんつゆを加えて和え、器に盛る。

One Point Advice カニには、肝臓の疲れを軽減するタウリンが含まれています。

「夏バテを防ぐ」には ビタミンB1をとろう！

夏バテは体の疲労が蓄積されて起きます。たとえば夏合宿中に夏バテになってしまうと、食欲が落ちてしまい、そのまま練習を続けると体を強くさせるはずが、やつれてしまいます。そうならないよう、体の疲労をしっかりとって、適切な量の食事をするよう心がけましょう。

夏バテ予防にも回復にもビタミンB1が効果的

夏バテしたときには、とにかくビタミンB1をとるようにしましょう。ビタミンB1が不足すると、糖質の代謝がうまくいかなくなり、その結果、疲労物質が蓄積されていきます。それが筋肉痛や疲労の原因となるのです。ビタミンB1を含む豚肉や枝豆、きなこなどをとって糖質の代謝を促しましょう。

また、唐辛子や香辛料などの辛味成分で胃を刺激して胃酸を出すことで、さらに糖質の代謝を促進することができるので、合わせてとるとよいでしょう。

この食材をチェック！

辛み成分で胃を刺激
香辛料、キムチ、カレー、七味唐辛子など

ビタミンB1
豚肉、豆腐、きなこ、枝豆、大豆など

豚肉×七味唐辛子で夏バテにダブルの効果！

主菜 419kcal スパイシー揚げ 〈お弁当〉

【材料（2人分）】
豚もも肉200g／塩、こしょう各少々／七味唐辛子少々／しょうゆ少々／片栗粉適量／揚げ油適量／レタス2枚

【作り方】
❶ 豚肉は食べやすい大きさに切り、塩、こしょう、七味唐辛子、しょうゆで下味をつける。
❷ ❶に片栗粉をまぶし、約180℃の油でカラッと揚げる。
❸ 器にレタスを敷き、❷をのせる。

One Point Advice 豚肉に含まれるビタミンB1、七味唐辛子の辛み成分には、糖質の代謝を高める効果があります。

豚キムチそうめん風

主食 325kcal

豚肉を食べてビタミンB1をたっぷり補給しよう！

【材料（2人分）】
豚ロース薄切り肉100g／キムチ40g／そうめん2束／サラダ油適量／A《だし汁5カップ／しょうゆ大さじ5／みりん大さじ2》

【作り方】
❶ 豚肉は食べやすい大きさに切る。
❷ フライパンに油を熱し、豚肉とキムチを火が通るまで炒める。
❸ そうめんは表示時間通りゆでる。器に盛り、❷をのせる。
❹ 鍋にAを入れて火にかけ、つゆを作り❸にかける。

カレーオムライス

主食 523kcal

糖質

【材料（2人分）】
ごはん280g／豚ひき肉100g／玉ねぎ200g／卵2個／オリーブ油適量／ケチャップ大さじ4／塩、こしょう各少々／水3カップ／カレールウ1皿分／牛乳大さじ2

【作り方】
❶ フライパンに油を熱し、ごはんを炒めてケチャップと塩、こしょうで味をつけ、器に盛る。
❷ 鍋に油を熱し、豚肉と薄切りにした玉ねぎを炒めて水を加え、沸騰したらカレールウを溶かす。
❸ フライパンに油を熱し、割りほぐした卵に牛乳を加えて半熟程度に焼く。❶にのせ、❷をかける。

カレーの香辛料で胃を刺激して胃酸を出す！

アスパラガスと豚のしょうが炒め

主菜 331kcal

お弁当

アスパラからも豚肉からもビタミンB1がとれる！

【材料（2人分）】
豚ロース薄切り肉200g／アスパラガス100g／しょうが2片／サラダ油適量／塩、こしょう各少々

【作り方】
❶ 豚肉とアスパラガスは食べやすい大きさに切る。しょうがはせん切りにする。
❷ フライパンに油を熱し、しょうがと豚肉を色が変わるまで炒める。
❸ アスパラガスを加えてさっと炒め、塩、こしょうで味をととのえる。

One Point Advice しょうがはビタミンB1の血中滞在時間を長くしてくれる食材です。

「ケガ」を治すには たんぱく質＋ビタミンC

バスケやバレーの選手はつき指やねんざ、陸上やサッカーの選手は肉離れなど、競技によって種類は異なりますが、どの競技でもケガの危険は常にあります。ケガをしたら、適切な治療をすることはもちろんですが、ケガに効く栄養素をとることで回復を早めましょう。

ケガの種類によって とりたい栄養は変わる

つき指、ねんざ、肉離れ、骨折、切り傷、すり傷……ケガにはいろいろな種類がありますが、ケガの状態はそれぞれ異なります。

たとえばつき指やねんざは、骨がずれたような状態、肉離れは筋肉が痛んだ状態、切り傷は皮膚が傷ついた状態になっています。

それぞれ体の変化が違うので、治すのに効果的な食材も変わってきます。早く治すためには、それぞれの成分を理解して効果的にとることが大切です。

細胞を作るためには たんぱく質＋ビタミンC

ケガの種類によって効果的な成分は変わると説明しましたが、どんなケガの場合でもたんぱく質とビタミンCは効果があります。

それは、種類にかかわらず、ケガをした場合、新しい細胞を作ることが必要不可欠だから。細胞を作るためのたんぱく質は肉類や卵などから、たんぱく質の吸収を助けるビタミンCはフルーツなどからとるようにしましょう。これらと一緒に、それぞれのケガに効果のある成分をとるとケガの治りが早くなります。

この食材をチェック！

ビタミンC
イチゴ、キウイ、トマト、グレープフルーツ、にらなど

たんぱく質
ヨーグルト、チーズ、鶏肉、タコ、カキ、牛肉など

126

つき指
腱やじん帯を修復するビタミンCとコラーゲン

関節や骨、腱などを痛めるつき指は、バスケやバレーボール、サッカー（キーパー）、野球など球技に多いケガです。

つき指になったときは、腱やじん帯を強くさせたり、骨のつきをよくしたりするコラーゲンと、炎症を防ぐビタミンCをたっぷりととりましょう。

コラーゲンはゼラチンや骨を煮込んだスープなどに含まれ、ビタミンCはイチゴやキウイを始めとしたフルーツに多く含まれているので、つき指してしまったら意識してとりましょう。

この食材をチェック！

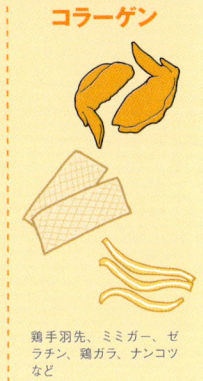

ビタミンC
にら、さくらんぼ、ブロッコリー、芽キャベツなど

コラーゲン
鶏手羽先、ミミガー、ゼラチン、鶏ガラ、ナンコツなど

副菜 フルーツのヨーグルトかけ　180kcal

カンタンに作れるビタミンたっぷりメニュー！（ビタミンC／カルシウム）

【材料（2人分）】
イチゴ6個／キウイ2個／ゴールデンキウイ2個／プレーンヨーグルト100g

【作り方】
1. イチゴはヘタをとる。キウイは皮をむいて食べやすい大きさに切る。
2. 器に①を盛りつけ、ヨーグルトをかける。

One Point Advice ヨーグルトのたんぱく質とカルシウムも、ケガをしたときに効果的。

主菜 手羽の酢じょうゆ煮　292kcal

手羽先を煮込めば、コラーゲンたっぷりに！（鉄分／たんぱく質）

【材料（2人分）】
鶏手羽先4本／長ねぎ10g／サラダ油適量／水1カップ／A《和風だし小さじ2／しょうゆ大さじ4／酢小さじ2》

【作り方】
1. 長ねぎは斜め薄切りにする。
2. 鍋に油を熱し、手羽先を表面に焼き色がつくまで焼く。
3. 水、Aを②に加え、5〜10分煮て柔らかくなったら長ねぎを加えて火を止め、器に盛る。

One Point Advice 酢のクエン酸は、コラーゲンの吸収率を高めてくれます。

ねんざ
腱やじん帯の強化にはコラーゲンが効く

野球やサッカーなどの球技でも、長距離走や幅跳びなどの陸上競技でも起こりやすいケガのひとつにねんざがあります。ねんざは関節がねじれたり、はずれたりした状態なので、腱やじん帯を強くさせるコラーゲンをたっぷり補給することが一番大切です。

コラーゲンが含まれているゼラチンやミミガー、フカヒレ、カレイなどの食材をとるか、鶏ガラや牛テール、豚骨を煮込んだスープなどを食事でとり入れるとよいでしょう。

この食材をチェック!
コラーゲン

鶏手羽先、鶏ガラ、ゼラチン、タコ、ミミガー、イカなど

チーズからたんぱく質も摂取できる!
カルシウム / お弁当

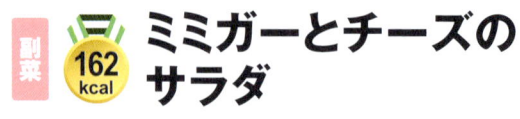

副菜 162kcal ミミガーとチーズのサラダ

【材料（2人分）】
ミミガー（薄切り）60g／水菜 60g／ラディッシュ4個／プロセスチーズ 40g／和風ドレッシング 20g

【作り方】
❶ 水菜は3cm、ラディッシュは薄切り、チーズは角切りにする。
❷ 材料をすべて合わせ、器に盛りつけてドレッシングをかける。

One Point Advice 必要な栄養素がとれてカロリーが控えめなのでおすすめ。ミミガーが手に入りにくいときは、豚足で代用できます。

汁物 15kcal コラーゲンスープ

【材料（2人分）】
鶏ガラ100g／オクラ2本／パプリカ20g／水2カップ／桜エビ6g／塩少々

【作り方】
❶ 鍋に水を入れて火にかけ、沸騰したら、鶏ガラを入れて2〜3時間煮込む。
❷ オクラは輪切り、パプリカはせん切りにする。
❸ ❶のスープから鶏ガラをとり出し、❷と桜エビを入れ、ひと煮立ちしたら塩で味をととのえる。

One Point Advice オクラのネバネバも、ねんざの回復に効果的です。

コラーゲンがたっぷり入った飲みやすいスープ!

肉離れ

ビタミンB6をとって たんぱく質の吸収率UP

肉離れは、短距離走やサッカー、野球、ラグビーなど、全力疾走する競技で起こりやすいケガのひとつです。筋肉の収縮が強力すぎて部分的に切れてしまった状態をいいます。

肉離れを起こしてしまったら、筋肉の再構築をすることがもっとも大切です。そのためには、細胞のもとになるたんぱく質や、たんぱく質の吸収を高めるビタミンB6をたくさんとるとよいでしょう。鶏肉は、両方の栄養素が含まれているので、効率的な食材です。

この食材をチェック!

ビタミンB6

鶏肉、バナナ、カツオ、サケ、サバ、レバーなど

主菜 322kcal 照り焼きチキン

(鉄分／たんぱく質／お弁当)

【材料（2人分）】
鶏もも肉 200g／塩、こしょう各少々／サラダ油適量／A《砂糖大さじ2／酒大さじ2／みりん大さじ2／しょうゆ大さじ2》／しそ4枚

【作り方】
1. 鶏肉に塩、こしょうで下味をつける。
2. フライパンに油を熱し、①の両面をしっかり焼く。
3. Aを混ぜたものを②に加えてふたをし、約3分蒸し焼きにする。
4. 器にしそをのせ、その上に③を盛る。

> 筋肉を作るには鶏肉が一番効果的なお肉!

主菜 192kcal タコのトマト煮

(たんぱく質／ビタミンC)

【材料（2人分）】
タコ 300g／にんにく2片／玉ねぎ 100g／トマトの水煮（缶詰）200g／オリーブ油適量／塩、こしょう各少々／パセリ少々

【作り方】
1. タコは一口大に、にんにく、玉ねぎは薄切りにする。
2. フライパンにオリーブ油を熱し、①をすべて加えて火が通るまで炒めたらトマトの水煮を加え、塩、こしょうで味をつける。
3. 器に盛りつけ、パセリを添える。

> トマトのビタミンCで炎症を防ごう!

骨折 — 低カロリー食品でカルシウムをとろう

ラグビーやサッカーなど、選手同士がぶつかり合うことが多い競技は、他の競技にくらべて骨折しやすいといえます。骨折してしまったら、骨を作るためにカルシウムをとるようにしましょう。カルシウムの吸収率を高めるビタミンDも積極的にとってください。

また、骨折したときは運動を休止しなければならないので、いつもよりも食事のカロリーを低くおさえてください。骨折中に体重が増えてしまうと、治ってからの減量が大変なので注意しましょう。

この食材をチェック！

カルシウム：海藻、牛乳、ひじき、ごま、チーズなど

ビタミンD：きのこ、サケ、卵黄、イワシ、ウナギなど

副菜 22kcal 海藻サラダ（ビタミンC）

【材料（2人分）】
ワカメ（塩蔵）40g／ひじき20g／パプリカ（赤）20g／サニーレタス2枚／じゃこ10g／和風ドレッシング20g

【作り方】
1. ワカメは塩を振りおとし、10分ほど水に浸けたあと水洗いして細かく切る。ひじきはさっと水洗いして熱湯にくぐらせる。パプリカは薄切りにする。
2. 器にサニーレタスを敷き、❶とじゃこを混ぜてから器に盛り、和風ドレッシングをかける。

One Point Advice：海藻はウエイトキープをしながらミネラルをしっかりとれる食材です。

海藻はカルシウムとマグネシウムが豊富！

汁物 124kcal きのこミルクスープ（カルシウム）

【材料（2人分）】
しいたけ20g／えのきたけ20g／まいたけ20g／牛乳2カップ／コンソメ少々／塩、こしょう各少々

【作り方】
1. きのこは根元を切りおとし、それぞれ食べやすい大きさに切る。
2. 鍋に牛乳とコンソメを入れ、火にかける。沸騰したら❶を加えて弱火で3〜5分煮る。
3. 塩、こしょうで味をととのえて器に盛る。

One Point Advice：きのこのビタミンDで牛乳のカルシウムの吸収をUPさせます。

きのこでヘルシーなカルシウムスープ！

Chapter 3 目的別レシピ

切り傷 すり傷
切り傷やすり傷の治りを早めてくれる亜鉛

トレーニング中のちょっとした切り傷や、転んでしまったときのすり傷などは、どんな競技にも起こるケガです。

切り傷やすり傷に限らず、すべての傷には、牛肉やカキ、カシューナッツなどに含まれる亜鉛が効果的。亜鉛には傷の回復を早める働きがあります。大量に摂取すると急性中毒を起こしますが、普通の食生活でとりすぎる心配はありません。

また、たんぱく質は体を作る基本の栄養素なので、亜鉛と合わせて積極的にとるとよいでしょう。

この食材をチェック！
亜鉛
カキ、牛肉、チーズ、納豆、卵黄など

亜鉛の供給源として有名なカキを食べよう！

【鉄分】【ビタミンC】

主菜 333kcal カキフライ

【材料（2人分）】
カキ6個／塩少々／小麦粉、溶き卵、パン粉各適量／揚げ油適量／ミニトマト4個／キャベツ100g

【作り方】
① カキは水洗いをして塩を振る。
② ①に小麦粉、卵、パン粉の順で衣をつけて、約180℃の油でカラッと揚げる。
③ 器に盛り、ミニトマトとせん切りにしたキャベツを添える。

One Point Advice 添え物のトマトやキャベツからはビタミンCがとれます。

主菜 439kcal 牛のみそ漬け焼き

【鉄分】【たんぱく質】

亜鉛とたんぱく質を一度にとれる牛肉！

【材料（2人分）】
牛ロース肉200g／玉ねぎ60g／みそ40g／みりん小さじ2／しょうゆ大さじ2／サラダ油適量／ミニトマト2個

【作り方】
① 玉ねぎはすりおろし、みそ、みりん、しょうゆと混ぜ合わせる。
② 牛肉にフォークをつきさし、火の通りをよくする。①に2～3時間漬け込む。
③ フライパンに油を熱し、②の両面を弱火で焼く。
④ 皿に③を盛り、半分に切ったミニトマトを添える。

「減量」には満腹になる低カロリー食材を活用

目標体重をクリアしたい柔道などの階級制スポーツ選手や、採点競技で芸術要素を求められる新体操の選手などは、試合の前に減量が必要になることがあります。筋力を落としてしまうと体力の低下につながるため、体脂肪を減らすようにしましょう。

この食材をチェック！

低カロリー食品
ワカメ、きのこ、野菜など

食物繊維
ごぼう、レンコン、きなこ、さつまいもなど

食物繊維をとって低カロリーで満足感を得る

体重を減らすためには、カロリーを減らすことが必須ですが、育ち盛りの10代の食欲では量を減らすのは大変です。そこで活躍するのが、お腹の中で膨らむ食物繊維。ごぼうやレンコンなどに含まれる食物繊維で食事のカサを増やし、少ないカロリーでも満足感を得られるごはんを作りましょう。

また、きのこや海藻、こんにゃくなどの低カロリー食品も合わせてボリュームを出すのもおすすめです。雑炊などでごはんのカサを増やす手もあります。

副菜 **51kcal** ビタミンC

ヘルシー鍋

【材料（2人分）】
大根60g／ごぼう40g／水菜20g／しらたき60g／キャベツ100g／しいたけ2枚／水4カップ／和風だし小さじ2／しょうゆ大さじ4

【作り方】
① 大根はせん切り、ごぼうはささがき、水菜は3cm長さに、しらたき、キャベツ、根元を切りおとしたしいたけは食べやすい大きさに切る。
② 鍋に水と和風だし、しょうゆを入れて火にかけ、沸騰したら①の具をすべて加えて10～15分煮込む。

煮た野菜をいっぱい食べて満腹に！

たっぷりきのこのサラダ

副菜 2kcal

きのこはたくさん食べてもほぼノンカロリー!

【材料（2人分）】
えのきたけ50g／まいたけ40g／なめこ20g／ベイリーフ8枚／ポン酢適量

【作り方】
1. きのこは根元を切りおとして食べやすい大きさにほぐし、熱湯にさっとくぐらせる。
2. 器にベイリーフをのせ、①を盛りつけてポン酢をかける。

One Point Advice きのこ類には、食物繊維がたっぷり含まれています。

絹さやともやしの雑炊

主食 206kcal

少ないごはんも雑炊ならおなか満足!

【材料（2人分）】
ごはん160g／絹さや4枚／もやし40g／卵2個／和風だし小さじ2／水4カップ／塩少々

【作り方】
1. 絹さやはせん切りにする。
2. 鍋に和風だし、水を入れ、沸騰したら弱火にしてごはんともやしを加える。
3. 溶きほぐした卵を②に回し入れ、塩で味をととのえたら絹さやを入れてひと煮立ちさせる。

One Point Advice 筋肉のもととなるたんぱく質を卵からとりましょう。

きんぴら

副菜 99kcal

食物繊維たっぷりのごぼうとこんにゃく!

【材料（2人分）】
ごぼう100g／にんじん40g／こんにゃく40g／ごま油適量／A《しょうゆ小さじ2／砂糖小さじ2／みりん小さじ2／酒小さじ2》／炒りごま（白）小さじ2

【作り方】
1. ごぼうはささがきにして水に浸す。にんじん、こんにゃくは細切りにする。
2. フライパンにごま油を熱し、①をさっと炒める。
3. Aと炒りごまをすべて加え、水気がなくなるまで中火で炒め煮にする。

One Point Advice このほかに食物繊維が豊富なレンコンを加えてもよいでしょう。

「増量」には筋肉になるたんぱく質をとろう！

守備を固めるためにラグビー選手などは体重を増やすことが必要になる場合もあります。体重での階級分けがある柔道などでも、ウエイトアップしなければならない人もいるでしょう。その場合、カロリーを増やすことが必要ですが、脂質はとりすぎないように注意しましょう。

たんぱく質の摂取で筋肉をつけて体重を増やす

体重を増やしたいときは摂取カロリーを増やすことが必要ですが、好きなものを食べていればいいというわけではありません。

糖質をとりすぎてしまうと、脂肪に合成されて体脂肪として蓄えられてしまいます。脂質も同様です。

良質な筋肉をつけて体重を増やすには、肉類や魚類、卵、豆腐などからたんぱく質をとりましょう。筋肉をつけるのに一番おすすめの肉類は、ビタミンB6が含まれた鶏肉です。

この食材をチェック！

たんぱく質
牛肉、豚肉、鶏肉、タコ、マグロなど

ビタミンB6
レバー、サバ、鶏肉、カツオ、バナナなど

ビタミンC
ブロッコリー、イチゴ、小松菜、ピーマンなど

【主菜】 **492 kcal** ステーキシチュー

鉄分／たんぱく質／ビタミンC／カルシウム

【材料（2人分）】
牛ヒレ肉160g／塩、こしょう各少々／にんじん100g／じゃがいも200g／玉ねぎ100g／グリンピース（冷凍）10g／オリーブ油適量／牛乳1カップ強／バター小さじ2／パセリ少々

【作り方】
❶ 牛肉は塩、こしょうで下味をつける。牛肉、にんじん、じゃがいもは一口大に、玉ねぎは薄切りにする。
❷ 鍋に油を熱し、牛肉を両面焼く。❶の野菜を加え、さっと炒めたら牛乳を加え、弱火で10～15分煮る。
❸ 塩、こしょう、バターで味をととのえて、グリンピースを加える。器に盛り、パセリをのせる。

シチューを作るなら脂肪分の少ないヒレ肉で！

豚とブロッコリーの炒め物

254 kcal

鉄分／たんぱく質／ビタミンC／お弁当

【材料（2人分）】
豚ロース薄切り肉（脂身なし）200g／ブロッコリー100g／オリーブ油適量／しょうゆ小さじ2／酒小さじ2

【作り方】
1. 豚肉とブロッコリーは食べやすい大きさに切る。
2. フライパンに油を熱し、豚肉とブロッコリーを炒める。
3. ②に火が通ったらしょうゆと酒を加えて味をととのえる。

One Point Advice ブロッコリーは炒めすぎるとビタミンCが壊れてしまうので注意。

ブロッコリーのビタミンCでたんぱく質の吸収率UP！

鶏のホイル焼き

350 kcal

油がいらないホイル焼きならヘルシー！

鉄分／たんぱく質／お弁当

【材料（2人分）】
鶏もも肉200g／長ねぎ100g／A《みそ大さじ4／砂糖少々／みりん大さじ4》

【作り方】
1. 鶏肉は一口大に切り、フォークをつきさし、火の通りをよくする。長ねぎは斜め切りにする。
2. アルミホイルに鶏肉をのせ、Aを合わせたものを上からかけて長ねぎをのせ、ホイルを包む。
3. オーブントースターで約10分焼く。

One Point Advice 脂肪分をおさえたいときにはホイル焼きがおすすめです。

タコとマグロの明太子和え

157 kcal

たんぱく質

良たんぱく質の組み合わせは筋肉作りに効果的！

【材料（2人分）】
タコ（ゆで）100g／マグロ200g／きゅうり50g／明太子10g／塩少々

【作り方】
1. タコとマグロ、きゅうりは食べやすい大きさに切る。
2. ①をすべて器に入れて和える。
3. 明太子をほぐし、②に加え混ぜて塩で味をととのえる。

One Point Advice タコとマグロには良質のアミノ酸が含まれています。

「プロテイン代わり」には たんぱく質ドリンク!

トレーニング後にたんぱく質をとれば、筋肉をつけることができます。プロテインを溶かした牛乳を飲むスポーツ選手もいますが、子どものうちからあまりプロテインに頼るのは考え物です。それよりも、野菜やフルーツなどを使ってプロテイン代わりのドリンクを作りましょう。

たんぱく質＋ビタミンCのドリンクで筋肉を作る

運動の直後にたんぱく質をとることで、筋肉の増加につながります。積極的にとりたいものですが、運動後にすぐ摂取するには食事よりもドリンクが最適です。牛乳や豆乳などのたんぱく質が豊富に含まれた飲料に、たんぱく質の吸収を助けるビタミンCを含んだ野菜やフルーツをプラスしましょう。

ここで気をつけたいことは、生ジュースなので作り置きしないこと。時間がたつにつれて栄養素がどんどん減ってしまうため、作りたてを飲みたいものです。

この食材をチェック!

たんぱく質
ヨーグルト、豆乳、牛乳、きなこなど

ビタミンC
キウイ、グレープフルーツ、イチゴ、バナナなど

キウイのビタミンCで
たんぱく質の吸収率UP!

ドリンク　157kcal

キウイとヨーグルトのジュース

【材料（2人分）】
キウイ2個／プレーンヨーグルト200g／牛乳1/2カップ／ハチミツ適宜

【作り方】
❶ キウイは皮をむき、ざく切りする。
❷ キウイ、ヨーグルト、牛乳を合わせてミキサーにかける。
❸ 好みでハチミツを加え、よく混ぜる。

One Point Advice　ヨーグルトと牛乳に含まれるたんぱく質を効率的に摂取しましょう。

豆乳と牛乳のストロベリージュース

79 kcal　ドリンク　ビタミンC

動物性たんぱく質と植物性たんぱく質が両方とれる！

【材料（2人分）】
豆乳½カップ／牛乳½カップ／イチゴ10個

【作り方】
❶ 豆乳、牛乳、イチゴを合わせてミキサーにかける。

One Point Advice 豆乳と牛乳のたんぱく質の吸収を、イチゴのビタミンCで上げましょう。

きなこ入りにんじんジュース

98 kcal　ドリンク　ビタミンC

プロテインの代わりにきなこを利用しよう！

【材料（2人分）】
にんじん100g／きなこ大さじ2／グレープフルーツジュース1½カップ

【作り方】
❶ にんじんは水で洗い、ざく切りする。
❷ にんじん、きなこ、グレープフルーツジュースを合わせてミキサーにかける。

One Point Advice にんじんには、筋肉の細胞膜を作る成分が含まれています。

バナナ酢ジュース

107 kcal　ドリンク

ごはん時にたんぱく質と一緒にとりたいジュース！

【材料（2人分）】
バナナ2本／リンゴ酢大さじ2／水1½カップ

【作り方】
❶ バナナは皮をむき、ざく切りする。
❷ バナナ、リンゴ酢、水を合わせてミキサーにかける。

One Point Advice バナナのビタミンB6と酢のクエン酸は、たんぱく質の吸収を助けます。

川端先生から +α のアドバイス

ケガをしたときこそ強くなるチャンス！

ケガをしたときには弱点の強化を

　ケガをしたときや、体に痛みがあって思うように練習ができないときなどは気持ちが沈むもの。でもそんなときに、私は選手にはこう言います。
「ケガは体を作るチャンス。痛みのないほかの部分をしっかり強化できるのだから。自分の弱いところを鍛えたら、治ったときにスーパーになっているよ！」
　これはケガをして落ちこんでいる選手への単なる励ましの言葉ではありません。プロの選手にもなると、自分の弱点がわかっていても、なかなかそれを強化する時間がないもの。その弱い部分が、痛みやケガを招いた原因ということもあります。だからこの言葉は私の本心でもあるのです。そしてここから、食事のサポートも始まります。p.126～131のように、痛みを軽減したりケガの回復を早めたりする食事は、実際に存在するのですから！

回復のために栄養に気を配ろう

　ケガの回復を早めるポイントは、「ケガや手術直後に何を食べるか」です。ケガをしたとき、体はその部分を治そうという防衛反応を起こしますから、そのタイミングで必要なものをとることが早期回復につながるのです。
　ですから、手術をして入院というときも大事。入院食だから病院にまかせておけば大丈夫と思っていませんか？　アスリートにとってそれでは不十分なのです。入院する選手がいる場合には、あらかじめ病院のメニューをチェックして、そこでプラスした方がよい食材やメニューを家族の人などに指示するようにしています。

ケガから回復した選手

　最近、両膝を一度に手術した選手がいました。この数年痛みにずっと耐えてプレーしていましたが、とうとう手術にふみきりました。手術をしたドクターが、「これまで看たなかでもっとも酷い」というほどの状態でした。そんな状態の手術ですから、早期回復はもちろんのこと、復帰してからもよい状態をキープできるように、その部分を修復する栄養をしっかりとらせるようにしました。
　手術をして2ヶ月。ドクターからは、驚くくらい両膝ともによい状態と言われています。もちろんこれは食事だけによるものではありません。ドクターや理学療法士などのスタッフの力、そして何よりも選手自身の力です。
　ケガや痛みはつらいもの。でもそれを「強い気持ち」でのり越えられる選手が、本当に強い選手だと思うのです。

Chapter 4

食事のアレンジ術

試合前後やオフ期にとると効果的な食事や、間食や外食、コンビニを利用するときに気をつけることなど、この章では、スケジュールにあわせた食事法や、ふだんの食事にプラスしたい食事法を紹介します。実践してライバルたちに差をつけましょう！

※レシピの材料は2人分、カロリーは1人分のものを表記しています。

試合前後の食事

試合本番で最高のパフォーマンスを実現！

本番である試合で、日頃のトレーニングの成果を100％発揮するために、当日はもちろん、2〜3日前から試合を見据えた食事に切り替えることが必要になります。試合後には消耗した栄養素を補う食事を用意しましょう。

試合前はエネルギーとなる炭水化物をたっぷりと

試合前には、試合時に使用するエネルギーを蓄えることを主眼にした食事をとることが必要になります。エネルギー源となるのは、糖質である炭水化物や果物など。試合前夜や当日の朝のメニューは、おかずを消化のよいさっぱりしたものにし、主食や果物などを多めにします。

同じ糖質でも、すばやくエネルギー源になるものもあれば、ゆっくり長くエネルギー源になるものもあります。下の表のGI値を参考に、吸収時間も考慮してメニューを作れば、効率よくエネルギーを補給・補充することができます。

また、試合が近づくと、調整のためにトレーニング量は減少するので、調整期はカロリーオーバーにならないように食事量を調整することも大切。ただし、試合前は緊張もあるので、食べ慣れない特別なメニューにせず、いつものメニューに少し工夫をするくらいがよいでしょう。

GI値（糖質が吸収されるまでの早さ）

	穀類	乳製品	いも類・豆類	野菜	果物・ジュース	砂糖・菓子
試合の3時間半前	フランスパン 食パン コーンフレーク		マッシュポテト ベイクドポテト ゆでじゃがいも	にんじん スイートコーン	レーズン	ブドウ糖 麦芽糖 ハチミツ シロップ
グリコーゲンローディング前半	ごはん（精白米） ライ麦パン クロワッサン ロールパン 全粒粉パン	アイスクリーム	フライドポテト ゆでグリーンピース 焼きいも	かぼちゃ ぶどう ゆでとうもろこし	すいか パイナップル バナナ オレンジジュース	クッキー せんべい チョコレート ワッフル
グリコーゲンローディング後半	ごはん（精白米） ビーフン	牛乳 スキムミルク 低糖ヨーグルト	ピーナッツ 豆類		さくらんぼ リンゴジュース グレープジュース	プリン ゼリー

↑ 素早くエネルギーになる
↓ ゆっくりエネルギーになる

ビタミンB1、クエン酸を一緒にとれば、効果倍増

エネルギー源の炭水化物と一緒にとりたいのが、ビタミンB1やクエン酸です。ビタミンB1は、体内にとり込んだエネルギーを効率よく使うために欠かせない栄養素。また、クエン酸はエネルギーの吸収を助けてくれます。ビタミンB1を多く含むのは、豚肉や大豆製品です。クエン酸はかんきつ系のフルーツや梅干し、キムチなどに多く含まれます。試合前の食事には、これらの食品を添えて、せっかくとったエネルギー源をしっかり使えるように工夫しましょう。

グリコーゲンローディングのコツ

グリコーゲンローディングとは、試合の前に通常のバランスのよい食事から、炭水化物の多い食事に切り替え、肝臓や筋肉にグリコーゲンを蓄えさせて長時間の運動に耐えられる体を作ることです。大人の場合は3〜4日前から食事の切り替えをスタートさせますが、筋肉量の少ない高校生くらいまでは、2日前から始めれば十分です。また、食事の炭水化物を増やした分、たんぱく質などが不足しているので、試合のあとの食事はたんぱく質を増やし、速やかに補いましょう。

グリコーゲンローディング

中〜高校生
- 炭水化物を1.5〜2倍に
- たんぱく質を1/2〜2/3に
- ビタミンB1、クエン酸を一緒にとる
- 油ものをさける

小学生
小学生なら1日前からスタート！

- 2日前
- 1日前
- 試合 → たんぱく質中心の食事に → 夕食
- 1日後 → 通常の食事に戻す

試合後はすぐに軽い栄養を補給を

試合のあとは、疲れて食欲がないことも多いと思われますが、すぐに軽く栄養補給をしておくことが大切です。発汗で失われた水分を補う意味でも、果汁ジュースなどを飲むようにするとよいでしょう。特に、ビタミンCとクエン酸の含まれているかんきつ系の果物のジュースは、疲労回復効果があるのでおすすめです。

さらに、体力を速やかに回復させるために、1時間以内に炭水化物とビタミンB1、B2を補給します。これには、のり巻きのおにぎりなどがベスト。栄養補給が遅れると、その分だけ疲労回復が遅くなります。食欲がなくても栄養補給ができるよう、食べやすい味や形状などを工夫しましょう。試合のあった日の夕食は、これまで減らしていたたんぱく質を補えるよう、たんぱく質中心のメニューにします。発汗によってミネラルも失われているので、ミネラルの補給も忘れずに。

試合スケジュール別食事タイミング早見表

試合の時間に合わせて1日の食事時間を調整

試合当日は、試合の開始時間に合わせて食事時間を調整する必要があります。食事は試合のときのエネルギー源となる炭水化物を中心に、試合の3時間半前にとることを基本にしてスケジュールを組みましょう。146ページから、当日のおすすめメニューを紹介しているので、参考にしてください。

試合時間の関係で、3時間半前に食事ができない場合は、間食などでエネルギー源を補給する必要がありますが、しっかりした「食事系」の間食は試合の2時間前までにすませます。このときは同じ炭水化物でも、GI値表（140ページ）を参考に、消化の早いものを選び、消化の遅いたんぱく質はさけましょう。試合中に腹痛を起こしたり、動きにキレがなくなる原因になります。ジュースなどでエネルギー補給をする場合は、試合の30分前くらいまでOKです。

午前中に試合がある場合

試合3時間半前の朝食で炭水化物をたっぷりと

試合が午前中にある場合は、比較的簡単に対応することができます。朝食の時間を試合時間に合わせて調節し、試合後、昼食まで間があるようなら、間食で栄養を補給しましょう。昼食からは、たんぱく質中心の試合後の食事メニューに切り替えます。

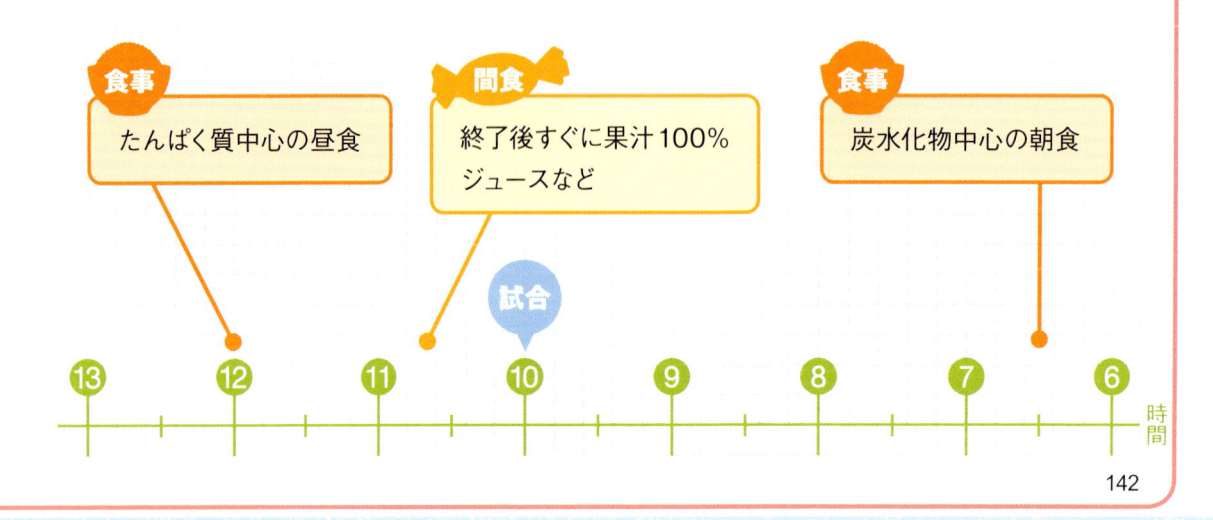

食事	間食	食事
たんぱく質中心の昼食	終了後すぐに果汁100%ジュースなど	炭水化物中心の朝食

13　12　11　10（試合）　9　8　7　6　時間

午後に試合がある場合

試合時間に合わせて、昼食または朝食で対応

　午後の比較的早い時間に試合がある場合は朝食と間食で、15時以降くらいからは昼食で、試合前のエネルギー補給をします。試合の3時間半前の食事はしっかりととりたいので、11時半くらいにとる必要がある場合は、朝食を減らしたり、時間をずらしたりなどの工夫を。

試合が13時にある場合
- 食事：たんぱく質中心の昼食（14時）
- 試合（13時）
- 間食：ボリュームを減らしたおにぎりやうどんなど（11時）
- 食事：炭水化物中心の朝食（7時）

試合が15時にある場合
- 食事：たんぱく質中心の夕食（18時）
- 試合（15時）
- 間食：終了後すぐに果汁100％ジュースなど
- 食事：炭水化物中心の昼食（12時）

試合が朝早くにある場合

試合の2時間～2時間半前までに消化のよいものを

　試合が朝早く、3時間半前に食事がとれない場合でも、せめて試合の2時間から2時間半前には食事は終わらせておきたいもの。このときの食事はいつもよりボリュームを減らし、消化の遅いたんぱく質をさけます。試合後、昼食までにお腹がすくようなら間食を。

- 食事：たんぱく質中心の昼食（12時）
- 間食：終了後すぐに果汁100％ジュースなど
- 間食：ゆで卵などたんぱく質系の間食
- 試合（8時）
- 食事：ボリュームを減らした炭水化物中心の朝食（6時）

試合が午後の遅くにある場合

試合時間に合わせて昼食の時間を調整

　試合時間に合わせて、その3時間半前になるように昼食の時間を調整します。朝食と昼食の間隔があいてしまうので、あらかじめお腹がすきそうな時間に間食を設定しておくとよいでしょう。また、夕食はなるべくいつもの時間に食べるようにします。

- **間食**：終了後すぐに果汁100%ジュースなど
- **間食**：炭水化物をとることを意識する
- **食事**：たんぱく質中心の夕食
- **食事**：炭水化物中心の昼食

試合：17時
時間軸：18 17 16 15 14 13 12 11

1日に試合が2回ある（午前 / 午後）場合

午前午後、それぞれの試合を朝食と昼食で対応

　基本は1日1試合と同じで、午前、午後それぞれの試合開始時間から3時間半前にそれぞれ朝食、昼食を食べればOKです。どちらもエネルギー源になる炭水化物中心の食事にし、試合が終わった夕食からたんぱく質中心の食事に切り替えます。

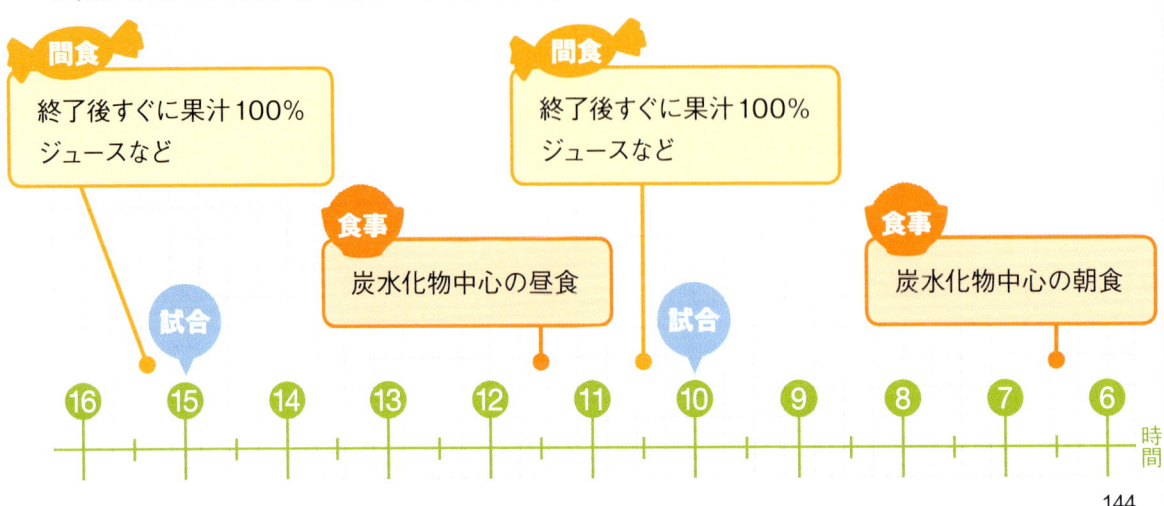

- **間食**：終了後すぐに果汁100%ジュースなど
- **間食**：終了後すぐに果汁100%ジュースなど
- **食事**：炭水化物中心の昼食
- **食事**：炭水化物中心の朝食

試合：15時、10時
時間軸：16 15 14 13 12 11 10 9 8 7 6

1日に試合が2回ある（午後に2回）場合

試合の間に時間があれば、消化のよいものを

　1試合目の開始時間に合わせた昼食を少しボリュームアップします。朝食はその分軽くしておきます。1試合目が終わってから2試合目が始まるまでに2時間以上あるようなら、終わってすぐ、力うどんやミートソースなどの消化のよいものを食べてもOK。時間がない場合は、フルーツやジュースを。

食事：たんぱく質中心の夕食（18時）
試合：17時
間食：終了後すぐに消化のよい力うどんなど（15時）
試合：14時
食事：炭水化物中心の昼食（10時）

2日間試合が続く場合

1日目の夕食で、しっかりとエネルギー補給を

　1日目も2日目も、試合開始時間に合わせて、朝食かもしくは昼食でエネルギー源である炭水化物をしっかりととるのが基本です。気をつけるのは1日目の夕食で、次の日の試合に備えて、炭水化物を中心に。2日目の夕食はたんぱく質中心に切り替えます。

食事：炭水化物中心の夕食（2日目はたんぱく質中心に）（18時）
間食：終了後すぐに果汁100％ジュースなど（11時）
試合：10時
食事：炭水化物中心の朝食（7時頃）

> 炭水化物中心で
> さっと食べられるものを！

試合前のおすすめメニュー

試合前にはエネルギー源になる炭水化物中心の食事をするのが基本。試合開始の3時間半前までにはすませましょう。試合までにお腹がすいてしまうのが心配な場合は、少したんぱく質が含まれたメニューがおすすめ。2品くらいを組み合わせて食べてもOKです。

主食 552kcal スパゲッティミートソース

鉄分／たんぱく質／ビタミンC／糖質

【材料（2人分）】
スパゲッティ120g／玉ねぎ100g／魚肉ソーセージ60g／豚ひき肉100g／A《トマトの水煮（缶詰）200g／ケチャップ大さじ4》／オリーブ油適量／塩、こしょう各少々／パセリ少々

【作り方】
1. 玉ねぎは薄切り、魚肉ソーセージは一口大に切る。
2. スパゲッティは表示時間通りゆでる。
3. フライパンにオリーブ油を熱し、玉ねぎとひき肉、ソーセージを炒める。
4. ❸にAを加えて中火で5〜10分煮る。塩、こしょうで味をととのえ、❷にかけ、パセリを飾る。

> ビタミンB1、クエン酸も一度にとれるおすすめメニュー

主食 577kcal 力うどん

鉄分／カルシウム／糖質

【材料（2人分）】
うどん2玉／餅（お湯でもどるタイプ）2個／青菜60g／長ねぎ（斜め薄切り）20g／A《だし汁5カップ／しょうゆ大さじ5／みりん大さじ2》

【作り方】
1. 鍋にAを入れて火にかけ、つゆを作る。
2. 青菜はゆでて3cm長さに切る。
3. うどんは表示時間通りにゆでる。
4. 器に❸、❷、餅、長ねぎをのせて❶をかける。

> 2種類の炭水化物でエネルギーを効率よく補給！

One Point Advice　餅はエネルギーになりやすいので、特に力を出したいときに！ 1日2試合あるときにもおすすめ。

主食 520kcal 焼きそば

【材料（2人分）】
中華麺2玉／にら40g／にんじん40g／ゴーヤ20g／玉ねぎ60g／キャベツ60g／豚もも薄切り肉100g／サラダ油適量／A《塩、こしょう各少々／ウスターソース大さじ4》／桜エビ少々

【作り方】
1. にらは3cm長さに、にんじんは細切りに、ゴーヤと玉ねぎは薄切りに、キャベツは一口大に切る。
2. フライパンに油を熱し、食べやすい大きさに切った豚肉と玉ねぎ、にんじんを炒めて火を通す。
3. 2に中華麺を加えて炒め、キャベツ、ゴーヤ、にらの順で加え、Aで調味し、桜エビを散らす。

夏バテに効果的なゴーヤ入り
真夏の試合前はコレ！

主食 398kcal そばめし

【材料（2人分）】
ごはん200g／中華麺2/3玉／赤ピーマン20g／サラダ油適量／カツオ節2g／炒りごま（黒・白）各大さじ2／塩、こしょう各少々／ウスターソース大さじ4

【作り方】
1. 赤ピーマンは細切りにする。
2. フライパンに油を熱し、ごはんと細かく切った中華麺を炒めてから、赤ピーマンとカツオ節、炒りごまを振りかけ、塩、こしょう、ウスターソースで味をととのえる。

2種類の炭水化物で試合中のエネルギーを持続！

One Point Advice　吸収の早さの違う2種類の炭水化物をとることで、エネルギーが持続。

汁物 117kcal チキンヌードルスープ

【材料（2人分）】
ペンネ20g／鶏むね肉60g／アスパラガス40g／ラディッシュ2個／水2カップ／中華だし小さじ2／塩、こしょう各少々

【作り方】
1. 鶏肉は一口大に、アスパラガスは3cm長さに切る。ラディッシュは薄切りにする。
2. ペンネは表示時間通りにゆでる。
3. 鍋に水、中華だしを入れて火にかけ、沸騰したら弱火にして鶏肉を加える。
4. 鶏肉に火が通ったら、ペンネ、アスパラ、ラディッシュを加えてひと煮立ちさせ、塩、こしょうで調味する。

空洞のあるペンネは消化吸収が早いスグレモノ！

主食 カレー風味ビーフン 318 kcal

【材料（2人分）】
ビーフン100g／玉ねぎ60g／なす40g／ほうれん草40g／豚もも薄切り肉100g／サラダ油適量／水2カップ／中華だし小さじ2／カレー粉小さじ2／刻みのり2g

【作り方】
1. 玉ねぎは薄切りに、なすとほうれん草、豚肉は食べやすい大きさに切る。
2. フライパンに油を熱し、❶を炒める。
3. ❷に水、中華だしを入れて沸騰させ、ビーフンを入れ、水分が飛ぶまで加熱してカレー粉を加える。
4. 器に❸を盛り、刻みのりをかける。

緊張で食欲なくなっても カレー味で食欲増進！

主食 ホットドッグ 326 kcal

【材料（2人分）】
ドッグパン2本／ソーセージ（大）2本／レタス2枚／玉ねぎ40g／ケチャップ大さじ4／マスタード適宜

【作り方】
1. ドッグパンに切り込みを入れる。
2. フライパンを熱し、ソーセージを焼き色がつくまで焼く。
3. ちぎったレタス、薄切りにした玉ねぎと❷を❶に挟み、好みでケチャップ、マスタードをかける。

One Point Advice お腹がすきやすい子には、たんぱく質が含まれたメニューがおすすめ。

たんぱく質＋炭水化物で 腹持ちもばっちりのメニュー

主食 クロックマダム風 353 kcal

【材料（2人分）】
食パン2枚／ハム2枚／スライスチーズ2枚／レタス2枚／卵2個／サラダ油適量／ケチャップ大さじ2／パセリ少々

【作り方】
1. 食パン、ハム、チーズは半分に切る。
2. パンにハムとチーズを挟む。
3. フライパンに油を熱し、目玉焼きを作り、レタスを敷いた❷の上におく。ケチャップをかけ、パセリを添える。

One Point Advice たんぱく質、ビタミンB1、カルシウムもバランスよく含まれています。

バターを塗らないで脂質を カットするのがポイント

主食 339 kcal パンキッシュ

【材料（2人分）】
食パン2枚／卵2個／牛乳1カップ／バター小さじ2／ハチミツ適宜

【作り方】
1. 食パンは一口大に切る。
2. ボウルに卵を割りほぐし、牛乳を加えてよく混ぜる。
3. 耐熱皿にバターを塗り、①を並べ、②をかけてオーブンで焼く。
4. 好みでハチミツをかけていただく。

One Point Advice ハチミツが含む糖質は、エネルギーになりやすいので、試合前におすすめです。

カルシウムとたんぱく質もたっぷりとれる元気メニュー！

主食 501 kcal きなこごま餅

【材料（2人分）】
餅4個／きなこ60g／黒ごま大さじ4／ハチミツ大さじ2

【作り方】
1. 餅は柔らかくゆでる。
2. きなことごまはあらかじめ混ぜておく。
3. ①にハチミツと②をかけていただく。

One Point Advice 餅はエネルギーになりやすいので、試合が続くときの間食にもおすすめ。

瞬発力系スポーツにはカルシウムの入った試合食を！

副菜 153 kcal フルーツレーズンヨーグルト

【材料（2人分）】
プレーンヨーグルト200g／イチゴ10個／キウイ1個／パイナップル60g／レーズン10g／ミントの葉適宜

【作り方】
1. フルーツは食べやすい大きさに切る。
2. ヨーグルトと①、レーズンを混ぜ合わせる。
3. ②を器に盛り、ミントの葉を飾る。

One Point Advice 瞬発力に必要なカルシウムが手軽にたっぷりとれるのがポイントです。

デザートでもしっかりとエネルギーを補給！

オフシーズンの食事

量を減らしつつバランスをキープしよう！

ある程度まとまった期間の休養日がある場合は、その期間をオフシーズン（オフ期）として、通常のトレーニングを行っている期間よりも食事の量を減らす必要があります。いかに栄養バランスをキープしたまま量を減らすかがポイントです。

生活のリズムと食生活のリズムを崩さない

トレーニング期は、トレーニング時間を中心に規則正しい生活ができていても、オフ期になると、自由な時間が増えるために、かえって生活リズムが乱れてしまうことがあります。食生活の面でも、外食が多くなったり、ついスナック菓子などを食べてしまったりと、栄養バランスを崩してしまいがち。

しかし、監督などの指導がなく、生活面でも個人差が出やすいオフ期こそ、そのすごし方によって、次のシーズンに大きな差が出てきます。オフだからと気を抜かず、スポーツのための強い体を作る食事をきちんととることが大切です。

オフ期の食事量は通常の80％量が目安

オフ期とトレーニング期の違いは消費エネルギーです。トレーニング期と同じ食事をしていてはカロリーオーバーになってしまい、シーズンインしたときにウエイトコントロールが必要になってしまいます。ですから、消費エネルギーの差を考え、オフ期の食事は量をいつもの80％くらいに落とすのが基本になります。

ただ食事量を80％に落とすといっても、ごはんを抜く、おかずを一品減らすといった減らし方では、栄養バランスに偏りが出てしまいます。ごはんもおかずも少しずつ減らしたり、エネルギー補給のために食べていた間食をなくすといった方法で、全体の栄養バランスはそのままに、量だけ減らす工夫をしましょう。

もちろん、80％は目安です。こまめに体重をチェックして、トレーニング期と比べて増えすぎていないか、減りすぎていないかを確認することも大切です。

ダイエット食を応用して空腹感を満たそう

食事量を減らしたり、間食をなくしたりしたことで満腹感が得られない場合は、低カロリーの間食を工夫したり、食事の量を減らさずにカロリーを抑える方法を工夫したりしてみましょう。基本は、ダイエットをしているときと同じ手法が使えます。よく噛んで食べられて低脂肪のおつまみイカや、低カロリーのゼリーをおやつにしたり、食事はなるべく油を使わない、ゆでたり蒸したりという調理法を使うなど、いろいろと工夫ができるはずです。

また、牛乳はオフ期にもとり続けたい食品。たんぱく質がたっぷりとれ、空腹感も満たせるので、積極的に飲みましょう。

オフ期にも牛乳を！

食べすぎてしまう子、食べなくなる子、ここに注意

オフ期になると、いつもの食事量ががらっと変わってしまうタイプの人がいます。それぞれの問題点を整理し、自己管理ができるようにサポートしてあげましょう。

食べすぎてしまう

原因
- きつい練習で食欲がなかった反動
- シーズン中と同じ調子で食べてしまう

問題点
- 脂肪がつくので、体にキレがなくなる
- ケガをしやすくなる

食べなくなる

原因
- 運動量が減ったことで食欲も減ってしまう
- 生活習慣が変わることで食べなくなる

問題点
- 筋力がおち、体脂肪のつきやすい体になる
- 成長のための栄養が不足する

スポーツ選手の間食

> スポーツ選手には間食も大切な栄養源！

ちょっとお腹がすいたときに食べる間食も、スポーツ選手にとっては大切な栄養源になります。単純にお腹を満たすことだけを考えないで、間食でもきちんと栄養補給をするのが、スポーツ選手の強い体作りの秘訣です。

間食＝補食と考えて効率よく栄養補給

厳しいトレーニングをこなすスポーツ選手は、3食だけではなかなか必要な栄養素をとりきれません。かといって、1日に食事を4回も5回もとることは不可能ですから、どこかで栄養素を補う必要があります。その一番簡単な方法が、間食を3食ではとりきれない栄養素を補う補食と考えること。間食というと一般的にはおやつですが、スポーツ選手にとっては、大切な栄養源となるのです。

ですから、間食もなるべく食事に近いものにすることが大切。いろいろな栄養素をバランスよく含むものを選びましょう。いわゆるおやつにあたる、スナック菓子や菓子パンなどは糖質と脂肪以外の栄養素がとれないので、望ましいとはいえません。サンドイッチやおにぎり、肉まん、バナナなどのたんぱく質やビタミン類が含まれているものに、牛乳やヨーグルトドリンクなどを組み合わせましょう。

トレーニング前には間食で栄養補給を

空腹のままトレーニングをしても、エネルギー不足でよい結果を出すことはできません。お腹がすいている場合は、必ずトレーニング前に、間食で栄養を補給しておきましょう。食後すぐに運動をするとお腹が痛くなることがありますが、これは未消化の食べ物が原因。空腹でトレーニングを開始するのはよくありませんが、運動前の食事は、消化時間を考えて選ぶことが大切です。きちんとした固形物の間食は、トレーニング開始の3時間半前までにし、その後にどうしてもお腹が減った場合は、ジュースやゼリーなどで補給しましょう。

> 固形物の間食はトレーニングの3時間半前まで！

スナック菓子は絶対NG コンビニでの間食選び

お腹が減ったときに、すぐ食品を手に入れることができる便利なコンビニですが、間食だからといってチョコレートやポテトチップスなどのスナック菓子を食べるのは絶対にNG。トレーニングまでに3時間半以上の時間があるようなら、おすすめはエネルギー源になるおにぎり。ただし、マヨネーズはさけたいので、ツナマヨなどはおすすめできません。クエン酸が含まれた梅干しのおにぎりなら、糖質のエネルギー化を助けてくれるので、さらに効果が期待できます。

サンドイッチ類もエネルギー源としてはよいのですが、バターやマヨネーズを多く使用しているのが難点。シンプルなBLT（ベーコン・レタス・トマト）サンドなど、マヨネーズの使用量が少ないものを選ぶことがポイントです。もちろん、菓子パンはお菓子と同じなので、スポーツ選手の間食には向きません。

トレーニングまでにあまり時間がなく、お腹が減ってしまっている場合は、ゼリー飲料などを選ぶとよいでしょう。ただ、成長期の子どもは、ゼリーなどのサプリメント系のものよりも、きちんと食品から栄養素をとることが多いようなら、トレーニング直前に間食することが多いようなら、ふだんの食事量や時間を調整することも考えてみましょう。

避けたい間食
- 菓子パン
- ツナマヨのおにぎり
- 揚げ物

おすすめの間食
- 梅干しのおにぎり
- BLTサンド
- 牛乳、ヨーグルト

トレーニング後の間食はたんぱく質をプラス

トレーニングをしたあとに間食をするなら、たんぱく質系がベスト。トレーニング後のタイミングでたんぱく質をとることで、強い体を作ることができるのです。トレーニングで使ったエネルギーの補給も一度にするなら、サケのおにぎりや、ヨーグルトとバナナなど、たんぱく質と炭水化物を組み合わせるのがよいでしょう。特にお腹がすいていなくても、牛乳を飲むなど、トレーニング後にはたんぱく質を補給しておくことが大切です。

牛乳でたんぱく質補給！

> 栄養バランスに注意すれば外食だって大丈夫！

外食するときに気をつけることは？

きちんと栄養バランスやカロリーを考慮した自炊の献立に比べると、どうしても栄養バランスが偏り、カロリーオーバーになってしまいがちな外食。でも実は、うまくつきあうポイントさえ押さえておけば、スポーツ選手でも外食を楽しめます。

基本の献立をもとに栄養バランスを考える

外食は、何も考えずにとってしまうと、どうしても栄養バランスの偏りが出てしまいます。脂質が多すぎたり、ビタミンやミネラルが不足するなど、外食はスポーツ選手にとってコンディションを崩したり、トレーニング効果を減少させたりする原因にもなりかねません。ですので、外食は好きなセットメニューをそのまま食べるのではなく、栄養バランスを意識してオーダーすることが大切です。2章で紹介している基本の献立を当てはめながら考えていくとわかりやすいでしょう。栄養バランスをとりやすい和定食を基本に、サイドオーダーをプラスして、足りない栄養素を補うのが一番簡単な方法です。

和食のサイドオーダーとして優秀なのは、ひじきや冷や奴、おひたしなど。鉄分やカルシウム、ビタミン、たんぱく質などが補えます。

洋食はカロリーオーバーしやすいので、揚げ物をさけたり、パンに塗るバターやサラダのドレッシングを控えたりなど、カロリーを下げる工夫をし、たんぱく質やビタミン、ミネラルをスープやサラダで補いましょう。

中華料理は食材のバランスは悪くないのですが、調理に大量の油を使用するので、高エネルギー・高脂肪になってしまうのが難点。蒸し料理やゆで料理をオーダーしましょう。たんぱく質が不足しやすいので、その場合は水ギョウザやバンバンジーなどで補うのがおすすめです。

ファミリーレストランでのオーダー例（筋力メニュー）

- オレンジ100％ジュース
- 海藻サラダ
- ビーフステーキ
- カレイの煮付け
- みそ汁
- ごはん

154

便利なコンビニはスポーツ選手の強い味方

いつでも手軽に利用できるコンビニ。総菜類も充実しているので、賢く利用すれば、スポーツ選手の強い味方になります。外食のあと、サラダや総菜でビタミンやミネラルをプラスしたり、トレーニング前の間食におにぎりやフルーツでエネルギーを補給したりなど、必要なタイミングで必要な栄養素を手軽に購入できるのが何よりの利点です。

ビタミン・ミネラル
- グリーンサラダ
- ほうれん草のおひたし

水分補給
- 野菜100％ジュース
- オレンジ100％ジュース

エネルギー
- フルーツ
- おにぎり

こんな外食はどうしたらいい?

栄養バランスはあまりよくないとわかっていても、どうしても食べたくなったり、友だちとのつきあいがあったり。こんなとき気をつけたいポイントを紹介します。

ラーメン OK / NG
ねぎのトッピング、ギョウザなどで野菜をとりましょう。また、ラーメンにごはんをプラスするのは絶対にNG。

ファストフード OK / NG
揚げ物はさけ、ハンバーガーはマヨネーズ抜きで。ドリンクは、果汁100％ジュースか牛乳、野菜ジュースを。

機内食 OK / NG
機内では体が動かせないので、カロリーオーバーに注意。ごはんを少し残す、パンにバターを塗らないなどの工夫を。

ケーキ OK / NG
生クリームの多いスポンジケーキはさけた方が吉。チーズケーキやヨーグルトなど、たんぱく質を使ったものを。

川端先生から +α のアドバイス

背が高くなりたいなら、やっぱり牛乳！

バレーボール日本代表の身長の秘密

　16年ぶりに北京オリンピックに出場した全日本男子バレーボールチーム。オリンピックに出場するための強化のタイミングから、約4年間にわたってチームの管理栄養士としてかかわらせていただきました。

　今はもう慣れたことなのですが、最初に選手たちに会ったときの驚きは今でも覚えています。なぜなら彼らがとても大きかったから!!

　試合前、ホテルのビュッフェ形式の食事をとりに、部屋に来た選手たち。ホテルの天井は普通よりも高いため、ドアも高く作られているものですが、ドアの上枠に頭をぶつけないように、ちょっとかがんで入ってきたのです！　さらに、食事を選び始めたのですが、やはりかがんで料理をとりわけていました。

　身長150cmの私は、横に並ぶと選手の腰ぐらいまでしかないのです。一番大きい選手は205cm、小さい選手でも180cm以上はあったのですが、180cm台の選手が小さく見える、そんな不思議な環境でした。

　そうなってくると、選手たちが成長期のころにどんなものを食べていたのか気になります。彼らの身長の秘密は何なのでしょう。いろいろ話を聞いていくなかで、ほとんどの選手が共通してとっていた食べ物がありました！

　それは……「牛乳」!!

　小学校のときから毎日牛乳を飲んでいて、1日1リットルは当たり前という選手が多かったのです！

スポーツ選手に乳製品は欠かせない

　身長は遺伝的な要素が大きいとは言われますが、骨を強化するためには、牛乳は欠かせない食材のひとつだと思います。また、代表クラスの選手のような強い骨格になりたければ、牛乳に限らずヨーグルトやチーズなど含めた「乳製品」が体作りに効果的な食材になります。

　果汁10％のジュースや甘い炭酸飲料を飲んでいる選手！　強くなりたいのであれば飲み物も意識したほうがよいかもしれませんね！

　ちなみに私は骨格を強化させたい選手には、筋力トレーニング中の水分補給に牛乳を飲んでもらっています。よくサプリメントやプロテインを使っている選手をみかけますが、そういうものを使わなくても、こんなちょっとした工夫で、しっかりした体を作ることができるのです。

料理素材別 INDEX

肉

● 豚肉
【筋力／主菜】
たたきレンコン入りつくね ……………………… 43
肉団子みぞれ煮 …………………………………… 43
煮込みハンバーグ ………………………………… 44
タンドリーポーク ………………………………… 46
煮豚 ………………………………………………… 47
ポークチーズカツ ………………………………… 48
もつ煮 ……………………………………………… 49
豚とナムルの炒め物 ……………………………… 55
【筋力／汁物】
にらと豚肉のみそ汁 ……………………………… 56
シチュー …………………………………………… 58
【持久力／主菜】
豚のエスニック炒め ……………………………… 68
レバニラ …………………………………………… 69
豚のトマト煮 ……………………………………… 70
ミラノ風ポークカツ ……………………………… 73
レバーカツ ………………………………………… 73
しょうが焼 ………………………………………… 74
豚のいんげん巻き ………………………………… 74
【瞬発力／主菜】
ミートボールグラタン風 ………………………… 94
ポークステーキごまだれソース ………………… 95
レバーと小松菜の炒め物 ………………………… 97
ごま揚げ …………………………………………… 97
ポークナッツグリル ……………………………… 98
【目的別／主菜】
豚のキムチチーズ巻き …………………………… 122
水ギョウザ ………………………………………… 123
スパイシー揚げ …………………………………… 124
アスパラガスと豚のしょうが炒め ……………… 125
豚とブロッコリーの炒め物 ……………………… 135
【目的別／副菜】
ミミガーとチーズのサラダ ……………………… 128
● 牛肉
【筋力／主菜】
オニオン牛サイコロステーキ …………………… 49
【持久力／主菜】
プルーン牛肉焼き ………………………………… 72
牛すき煮 …………………………………………… 73
とろろかけ焼肉 …………………………………… 74
【瞬発力／主菜】
牛肉のエスニック風 ……………………………… 94
牛肉のごま焼き …………………………………… 101
【目的別／主菜】
そら豆と牛肉の炒め物 …………………………… 119
牛のみそ漬け焼き ………………………………… 131
ステーキシチュー ………………………………… 134
● 鶏肉
【筋力／主菜】
蒸し鶏レモン添え ………………………………… 46
鶏のねぎ塩焼き …………………………………… 47
から揚げ …………………………………………… 47
鶏のゆずこしょう炒め …………………………… 48
【筋力／副菜】
バンバンジー風 …………………………………… 53
【筋力／汁物】
手羽汁 ……………………………………………… 57
【持久力／主菜】
鶏の黒酢炒め ……………………………………… 68
鶏のスタミナ炒め ………………………………… 69
【瞬発力／主菜】
鶏と桜エビの炒め物 ……………………………… 100
手羽のすき焼き風 ………………………………… 100
鶏のチーズ焼き …………………………………… 100
【瞬発力／副菜】
中華風旨煮 ………………………………………… 103
【目的別／主菜】
鶏の玄米フレーク揚げ …………………………… 119
手羽の酢じょうゆ煮 ……………………………… 127
照り焼きチキン …………………………………… 129
鶏のホイル焼き …………………………………… 135
● ラム
【瞬発力／主菜】
ラムの野菜炒め …………………………………… 96
● 合鴨肉
【持久力／副菜】
合鴨のカルパッチョ ……………………………… 77
● 加工品
【筋力／副菜】
ソーセージと野菜のソテー ……………………… 51

魚

【持久力／主菜】
サバのおろし和え ………………………………… 72
煮魚（サンマ） …………………………………… 75
【瞬発力／主菜】
アジの梅煮 ………………………………………… 99
【目的別／主菜】
サバのみそ煮 ……………………………………… 121
● 小魚
【瞬発力／主菜】
ししゃもフライ …………………………………… 98
● カツオ
【筋力／副菜】
カツオそぼろ炒め ………………………………… 54
【目的別／主菜】
カツオのたたきにんにく ………………………… 123
● サケ
【持久力／主菜】
サケの香草グリル ………………………………… 72
【持久力／副菜】
サーモンマリネ …………………………………… 81
【瞬発力／主菜】
サーモンクリーム煮 ……………………………… 95
【瞬発力／汁物】
サケ缶とワカメのスープ ………………………… 109
【目的別／主菜】
サケのワカメ蒸し ………………………………… 118
● マグロ
【筋力／主菜】
マグロステーキ …………………………………… 46
【筋力／副菜】
刺身サラダ ………………………………………… 50
【持久力／副菜】
マグロアボカド和え ……………………………… 79
【瞬発力／主菜】
マグロのオイスター炒め ………………………… 99
● イカ
【筋力／主菜】
イカ南蛮 …………………………………………… 42
【筋力／副菜】
イカの韓国風サラダ ……………………………… 50
● エビ
【筋力／主菜】
エビチリ …………………………………………… 45
● カニ
【目的別／副菜】
枝豆とカニのおろし和え ………………………… 123

157

豚キムチそうめん風 ……………………………… 125
【試合前／主食】
スパゲッティミートソース …………………… 146
カうどん ………………………………………… 146
焼きそば ………………………………………… 147
カレー風味ビーフン …………………………… 148
【試合前／汁物】
チキンヌードルスープ ………………………… 147
● パン
【筋力／主食】
ベーグルチーズサンド …………………………… 38
きなこフレンチトースト ………………………… 38
【持久力／主食】
ハムサンド ………………………………………… 64
【瞬発力／主食】
胚芽サンド ………………………………………… 92
【瞬発力／副菜】
オープンサンド ………………………………… 104
【目的別／汁物】
バゲットスープ ………………………………… 117
【試合前／主食】
ホットドッグ …………………………………… 148
クロックマダム風 ……………………………… 148
パンキッシュ …………………………………… 149
● 餅
【持久力／主食】
おはぎ ……………………………………………… 66
【持久力／汁物】
雑煮汁 ……………………………………………… 83
【試合前／主食】
きなこごま餅 …………………………………… 149
● 小麦粉
【持久力／主菜】
チヂミ ……………………………………………… 71
【持久力／汁物】
ワンタンスープ …………………………………… 83

卵
【筋力／主菜】
カニ玉 ……………………………………………… 45
【筋力／副菜】
前菜風ゆで卵 ……………………………………… 52
【筋力／汁物】
卵入りみそ汁 ……………………………………… 56
【持久力／主菜】
卵と春雨の炒め物 ………………………………… 75
ポテトオムレツ …………………………………… 75
【瞬発力／主菜】
たらこオムレツ …………………………………… 98
【目的別／主菜】
たっぷりチーズのオムレツ …………………… 115

乳製品
【筋力／汁物】
牛乳汁 ……………………………………………… 57
【瞬発力／副菜】
チーズディップ ………………………………… 106
【目的別／ドリンク】
キウイとヨーグルトのジュース ……………… 136
豆乳と牛乳のストロベリージュース ………… 137

海藻
【持久力／副菜】
ひじき煮 …………………………………………… 80
【瞬発力／副菜】
もずくサラダ …………………………………… 106
【目的別／副菜】
海藻サラダ ……………………………………… 130

乾物
【瞬発力／副菜】
切り干し大根 …………………………………… 107

● タコ
【目的別／主菜】
タコのトマト煮 ………………………………… 129
【目的別／副菜】
タコとセロリの炒め物 ………………………… 121
タコとマグロの明太子和え …………………… 135
● 貝類
【持久力／汁物】
アサリ汁 …………………………………………… 82
【瞬発力／主菜】
アサリと卵の塩炒め …………………………… 101
【瞬発力／副菜】
ホタテとにんじんのカッテージチーズ和え … 104
【目的別／主菜】
カキフライ ……………………………………… 131
● 加工品
【筋力／主菜】
海鮮焼き …………………………………………… 42
おでん ……………………………………………… 49
【筋力／汁物】
クラムチャウダー ………………………………… 59
【瞬発力／主菜】
魚介のケチャップ炒め …………………………… 99

ごはん・麺・パン

● ごはん
【筋力／主食】
豆ごはん …………………………………………… 40
親子丼 ……………………………………………… 41
刺身納豆丼 ………………………………………… 41
【持久力／主食】
梅しらすおにぎり ………………………………… 64
タコライス ………………………………………… 67
キムチチャーハン ………………………………… 67
【瞬発力／主食】
ベジタブルチャーハン …………………………… 90
ごま入りチキンライス …………………………… 90
海鮮雑炊 …………………………………………… 91
うな玉丼 …………………………………………… 91
【目的別／主食】
トマトと卵のリゾット ………………………… 116
卵としらすのチャーハン ……………………… 117
レバニラチャーハン …………………………… 120
ひじき混ぜごはん ……………………………… 121
カレーオムライス ……………………………… 125
絹さやともやしの雑炊 ………………………… 133
【試合前／主食】
そばめし ………………………………………… 147
● 麺
【筋力／主食】
肉うどん …………………………………………… 39
パワフルパスタ …………………………………… 39
焼きビーフン ……………………………………… 40
【持久力／主食】
ボンゴレ …………………………………………… 65
ナポリタン ………………………………………… 65
とろろうどん ……………………………………… 66
【持久力／主菜】
チャプチェ ………………………………………… 70
マカロニグラタン ………………………………… 71
【持久力／汁物】
そうめん入りネバネバ汁 ………………………… 82
ビーフンスープ …………………………………… 85
【瞬発力／主食】
スープスパゲッティ ……………………………… 92
海藻そうめん ……………………………………… 93
塩焼きそば ………………………………………… 93
【瞬発力／副菜】
ペンネエッグサラダ …………………………… 102
【目的別／主食】
納豆スパゲッティ ……………………………… 117

158

【瞬発力／副菜】
刺身ピーナッツ和え……………………………… 105
● ゴーヤ
【筋力／主菜】
ゴーヤチャンプルー……………………………… 44
● コーン
【持久力／汁物】
コーンスープ……………………………………… 85
● ごぼう
【目的別／副菜】
きんぴら…………………………………………… 133
● さつまいも
【持久力／副菜】
さつまいもサラダ………………………………… 78
● さといも
【瞬発力／副菜】
さといものミルク煮……………………………… 104
● じゃがいも
【持久力／副菜】
肉じゃが…………………………………………… 76
ポテトとハムの炒め物…………………………… 76
【持久力／汁物】
ポテトカレースープ……………………………… 84
【瞬発力／副菜】
じゃがいもしゃきしゃきサラダ………………… 106
【瞬発力／汁物】
じゃがいも入り納豆汁…………………………… 110
● 大根
【瞬発力／副菜】
麻婆大根…………………………………………… 103
【目的別／副菜】
ヘルシー鍋………………………………………… 132
● 玉ねぎ
【瞬発力／汁物】
豆乳入り玉ねぎみそ汁…………………………… 111
● トマト
【筋力／汁物】
ベジタブルスープ………………………………… 59
【瞬発力／汁物】
パルメザンミネストローネ……………………… 108
● なす
【筋力／副菜】
なすのチーズ焼き………………………………… 53
● にんじん
【持久力／汁物】
豆乳キャロットスープ…………………………… 84
【目的別／ドリンク】
きなこ入りにんじんジュース…………………… 137
● パプリカ
【瞬発力／副菜】
パプリカとレーズンの炒め物…………………… 107
● ベビーリーフ
【筋力／副菜】
シーザーサラダ…………………………………… 78
● ほうれん草
【持久力／副菜】
ナムル……………………………………………… 79
磯辺和え…………………………………………… 81
● レタス
【筋力／副菜】
生春巻き…………………………………………… 51

フルーツ

【筋力／副菜】
バナナヨーグルト………………………………… 55
【目的別／副菜】
フルーツ杏仁……………………………………… 115
フルーツのヨーグルトかけ……………………… 127
【目的別／ドリンク】
バナナ酢ジュース………………………………… 137
【試合前／副菜】
フルーツレーズンヨーグルト…………………… 149

豆・大豆製品

● 豆
【筋力／副菜】
五目煮……………………………………………… 52
枝豆サラダ………………………………………… 55
【筋力／汁物】
ビーンズスープ…………………………………… 58
【持久力／副菜】
黒豆サラダ………………………………………… 78
● 豆腐
【筋力／副菜】
白和え風…………………………………………… 52
豆腐マリネ………………………………………… 53
【瞬発力／主菜】
豆腐ときのこの炒め物…………………………… 96
豆腐の中華炒め…………………………………… 101
【瞬発力／副菜】
高野豆腐とじゃがいもの煮物…………………… 105
豆腐のチーズグリル……………………………… 107
【瞬発力／汁物】
のっぺい汁………………………………………… 111
【目的別／主菜】
豆腐とチーズのグラタン………………………… 114
豆腐と小松菜のすき焼き風……………………… 115
● 厚揚げ
【筋力／主菜】
豆腐と豚肉の炒め物……………………………… 48
【筋力／副菜】
厚揚げ豆板醤風…………………………………… 54
【目的別／副菜】
厚揚げそぼろあんかけ…………………………… 119
● さつま揚げ
【筋力／副菜】
さつま揚げのカレー炒め………………………… 54
● 納豆
【瞬発力／副菜】
納豆ギョウザ……………………………………… 102
● 湯葉
【持久力／副菜】
湯葉と青菜のポン酢和え………………………… 80

野菜

● いんげん
【持久力／副菜】
いんげんのピーナッツ和え……………………… 79
● オクラ
【持久力／副菜】
ネバネバ和え……………………………………… 80
【目的別／汁物】
コラーゲンスープ………………………………… 128
● かぼちゃ
【持久力／副菜】
かぼちゃのごま焼き……………………………… 77
【瞬発力／汁物】
パンプキンスープ………………………………… 108
ごま汁……………………………………………… 110
● きのこ
【瞬発力／副菜】
きのこの南蛮漬け………………………………… 105
【目的別／副菜】
たっぷりきのこのサラダ………………………… 133
【目的別／汁物】
きのこのミルクスープ…………………………… 130
● キャベツ
【瞬発力／汁物】
キャベツと鶏のスープ…………………………… 109
● きゅうり
【持久力／副菜】
きゅうりの旨辛…………………………………… 81

159

監修者略歴
川端理香（かわばた・りか）

WATSONIA（ワトソニア）代表。管理栄養士。日本オリンピック委員会強化スタッフ。2004年アテネオリンピックのVICTORY PROJECT チーフ管理栄養士として、水泳・北島康介や全日本女子バレーボールチームを、2008年北京オリンピックでは全日本男子バレーボールチームをサポート。Ｊリーグプロサッカーチーム、Ｖプレミアリーグチームの栄養サポートを始め、個人のサポートも行っている。講演、雑誌などでも活躍中。著書、監修書に『勝つための栄養食BOOK』（ベースボールマガジン社）、『スポーツ選手の完全食事メニュー』（西東社）などがある。

STAFF
- 料理制作・栄養価計算 —— 川端理香
- 料理制作アシスタント —— 川端利枝
- 撮影 —— 奥村暢欣・原田真理 （STUDIO DUNK）
- 本文デザイン —— 下里竜司・大島歌織　谷口博俊 （STUDIO DUNK）
- 編集 —— 中川美沙子・小林阿津子　櫻田浩子 （STUDIO DUNK）
- 本文イラスト —— MIL・仲西太・min

勝てるカラダをつくる！
10代スポーツ選手の栄養と食事

2018年6月20日　発行

監修者　川端理香
発行者　佐藤龍夫
発　行　株式会社大泉書店
　　　　〒162-0805　東京都新宿区矢来町27
　　　　TEL: 03-3260-4001（代）FAX: 03-3260-4074
　　　　振替　00140-7-1742
　　　　印刷・製本　凸版印刷株式会社
　　　　© Oizumishoten 2009 Printed in Japan
　　　　URL　http://www.oizumishoten.co.jp
　　　　ISBN 978-4-278-04914-5　C0075　A49

※落丁、乱丁は小社にてお取り替えいたします。本書の内容についてのご質問は、ハガキまたはFAXにてお願いいたします。
※本書を無断で複写（コピー・スキャン・デジタル化等）することは、著作権法上認められている場合を除き、禁じられています。複写される場合は、必ず小社宛にご連絡ください。

器協力

- リヴァンス・オレンジハウス オリナス錦糸町店
  東京都墨田区太平 4-1-2
  オリナスショッピングモール　2F
  TEL：03-5637-2831
  http://www.sgm.co.jp/

- 株式会社キントー 東京オフィス
  東京都渋谷区恵比寿西 1-7-7
  EBSビル 9F
  TEL：03-3780-5771
  http://www.kinto.co.jp/

- テーブルウェア イースト
  岐阜県土岐市肥田町肥田 376-8
  TEL：0572-50-2069
  http://www.rakuten.ne.jp/gold/t-east/

- HAKUSAN SHOP
  （白山陶器東京ショールーム）
  東京都港区南青山 5-3-10
  フロムファーストGフロア
  TEL：03-5774-8850
  http://www.hakusan-shop.com

- リーノ・エ・リーナ銀座店
  http://www.linoelina.jp